鬼妹 港街市

張雪婷 (Christine Cappio) 著

商務印書館

鬼妹港街市

作　　者：張雪婷（Christine Cappio）

譯　　者：湯曉沙

責任編輯：林　森

封面設計：趙穎珊

插　　圖：張雪婷（Christine Cappio）

出　　版：商務印書館（香港）有限公司

　　　　　香港筲箕灣耀興道 3 號東滙廣場 8 樓

　　　　　http://www.commercialpress.com.hk

發　　行：香港聯合書刊物流有限公司

　　　　　香港新界大埔汀麗路 36 號中華商務印刷大廈 3 字樓

印　　刷：中華商務彩色印刷有限公司

　　　　　香港新界大埔汀麗路 36 號中華商務印刷大廈 14 字樓

版　　次：2019 年 6 月第 1 版第 1 次印刷

獻給
我的母親、蒲劍和仁良

目錄

序 一

這本書讚許了對美食的嚮往，相信沒有香港人會對此感到抗拒。

以細膩及幽默的筆觸，張雪婷描述了此城街市各式各樣的面貌，加上貼切的插圖，更讓各處市場的特色活現紙上。她的描繪，比一個導遊更精湛。一個法國女子，來自一個相當重視美食文化的國度，毅然隻身越洋外闖，邁出大步掃除對美食固有的偏見，並成為一位真正能烹調港菜的廚師！

美食文化實為一種祖傳藝術，背負着深遠的文明演進，中法兩國均具此特色。每日每餐皆是「生命的盛宴」，此為林語堂（1895-1976），一位深受西方文化薰陶的福建學者於1937 年著作中的名句。而蘇州文學評論聖手金聖嘆（1608-1661）在「不亦快哉三十三則」中的描述不也是與吃的歡愉息息相關？談到大快朵頤，中國人用一雙靈巧筷子，而法國人則用一支堅利叉子。

街市是美食文化的核心。食材需經過視覺、觸覺及嗅覺上的甄選，才能進入蒸、燜、燉、焗等烹調程序，繼而盛載碟上，

供客品嚐，過程猶如魔法。難怪大廚們不論在法國或香港，均繞着魔法光環！不過，當中有一元素不容有失，就是「新鮮」。此為各品之源，萬味之母。的而且確，就以中國「鮮」一字為例，就展現了「魚」要「新鮮」才能「鮮味」的道理。

在此凡事趨向消毒潔淨的世代，街市正正提醒我們，城市是一具有血有肉、有靈魂、有心跳和有肚皮的軀體。1873年，法國作家左拉（Emile Zola）以「法國的肚皮（The Belly of Paris）」為她的著作命名，書中描述巴黎「Les Halles」作為中心市場的面貌。誠然，街市是我們活生生的城市寫照，刻劃了色彩如畫的生活特色，當中色、香、味、聲混然互動，極具生氣！身在香港，土地稀罕而珍貴，用地爭議處處，街市受着商業及購物中心的衝擊。就此而言，張雪婷在街市的流連忘返，正正在宣誓：讓我們繼續在後街小巷迷宮般的探索與遊歷，冀盼我們將來仍能攜同兒孫在其中尋找色香味美！

生命的盛宴當前，問題只在我們有多大的胃口！

官明遠

法國駐香港澳門總領事

序二

我很榮幸可以為張雪婷的第二本書撰寫序言，這次是關於香港另一引人入勝的地方——街市。

香港是東西匯聚的國際大都會，現代化和大型超級市場林立。然而，很多人仍喜歡走到街市購買雜貨和新鮮餸菜，這是煮廣東菜的要素，亦是香港社會文化的特色。

街市是香港的又一文化象徵，擁有獨特的氛圍，在街市的商販充分發揚香港人自力更生、充滿活力和多元化的精神。街市由早到晚營業，年中無休。你可以在距離不遠的街市買到多種新鮮食材，包括肉類、海鮮、蔬菜、水果以至豆腐，價錢既合理，又滿載人情味。

當張雪婷數十年前從她的家鄉法國來到香港，她家中身為香港人的婆婆曾勸告她不要去街市，因為街市充滿異味，既骯髒又濕滑。但這並沒有阻止她發掘香港街市繁華和多姿多彩的一面及其持久的魅力。在探索過程中，張雪婷得到很多啟發，在書中她為讀者展現了完整的街市風貌，包括買東西和交易的竅門，並與讀者分享她十分享受的體驗。

今天，到街市買餸的本地居民已不多，他們寧願選擇舒適的超市或便利店。確實，在街市中找到一位外籍女士的身影實在罕見。張雪婷的冒險探索精神讓她沉浸在香港獨特傳統文化中有趣的一面，也為我們帶來另一本精彩小品，對此我十分讚賞。本書正反映了她深厚的香港情懷及對中華文化的熱愛。

張建宗

香港特別行政區政府政務司司長

序三

　　上次張雪婷快將出版其大作之前，我有幸先睹為快，讀到書稿的付印版。我告訴她自己從她所講的故事中，學到一些新東西。這不是客套説話，而是她的觀察、故事，幫助我從另一個角度了解香港的事物。通過她的故事，我開始從一些我熟悉的事情中，看到一些不熟悉的、新的元素。自己作為社會學研究人員，很明白這種不熟悉的感覺的重要性：它不單引起我對那些事物的好奇，更幫助我發掘其更深層的意義。她的眼睛、觀察力引領我從一個新角度思考問題。

　　這次張雪婷再來一次「鬼妹港故事」（我敢打賭這只是「鬼妹港故事」系列的第二本，將來還陸續會有），主題是本地街市。在這個題目上，她所知道的肯定比我多得多。我承認在孩童時期，自己並不喜歡——甚至可以説是討厭——街市。無論是戶外的或者在多層大廈室內的都沒有分別。我不喜歡街市的氣味，更覺得它們骯髒、嘈吵，並且地面濕滑、處處泥濘。但對我這個於上世紀六十年代在公共屋邨長大的孩子而言，到街市買菜通常都不是個人的選擇，而是由外婆、媽媽指派的工

作。當時家住北角，到馬寶道街市買點東西，只是一條馬路之隔（而且還有紅綠燈協助過馬路），以當時的標準和期望來說，絕對認為九歲、十歲的小孩可以做得來。外婆或媽媽會給我指示，而那筆用來購物的錢款，通常預留一至兩毛（毫）給我（是默許的「打斧頭」），讓我在街市或附近買點零食。

那一點零食算是誘因，令我經常「樂於」負起購物的任務。不過，話雖如此，對於街市的家禽檔口，我總是「保持距離」；魚檔的氣味，我避之則吉；而豬肉檔的大叔，我從不明白為何他們永遠穿得很少。但多年之後，長大之時，逐漸對街市的百態多了一點了解，開始看到它所呈現的社會面貌，是如何豐富。那種感覺有點像我們對苦瓜的看法：年青時覺得苦味難以入口，但到了某個年紀之後，會發掘它的味道之所在。

張雪婷又一次給我們提供了以現實生活為基礎的觀察。從她的觀察、文字，我看得出她是如何貼近這個城市裏一般人的生活，並且一如所料，她又分享了一些十分有趣的（鬼妹的）故事。我已開始猜想，她的第三本著作將會選擇生活哪個方面為題材？打算何時動筆呢？

呂大樂

香港教育大學副校長（研究與發展）

序 四

1983 年我和張雪婷在巴黎邂逅，我們第一次約會的地點是在第六區一間名叫「香港」的中國點心酒樓。我們在法國浪漫之都由一個不怎麼浪漫的約會展開了我們浪漫的關係！那次約會是雪婷第一次品嚐中式點心，此後我們定期常常去。我在巴黎讀書時不常煮食，大多去只提供西式飲食的學生飯堂解決一日三餐。我對飲食並不講究挑剔，但對一個離鄉別井、負笈法國的中國學生來說，叉燒包和蝦餃就是最期待的享受。這間中國餐館使我想起香港，它是解我鄉愁的靈丹妙藥。雪婷很樂意試吃不同的中國食品，我猶記得有一次我在唐人街買了罐頭蛇羹回宿舍，她有點猶豫，但還是吃了，她說吃後感覺就如有尾長蛇在她咽喉內蠕動，很不是味道。

自 1986 年起雪婷跟隨我在香港生活。到港初期，她看見那些在法國從未見過的亞洲蔬菜和中式的烹調方法都感到驚訝不已。她對中國菜十分好奇，常常問我為何我媽咪用青紅蘿蔔煲湯，而不用青蘿蔔配白蘿蔔。皮蛋黑灰色的蛋心和濃烈刺鼻的氣味也令她很吃驚。我們從媽咪那裏搬出來自組小家

庭後，便要開始我們自己的街市歷奇了。我和雪婷都要工作，便輪流到街市或超市買菜。我們搬遷多次，住過多個地區，見識了不同的街市。初時我們全無經驗，我相信檔主們一看便知道，所以我們常常擔心被欺騙。現在我們不再是新丁了，已成為街市常客，檔主們時常都會給我們送幾根蔥或減收幾元。每星期我們會一同去大埔街市至少一次。

結婚後我陪同雪婷回里昂探親，這樣才第一次逛法國市集。每逢週六到維埃納（Vienne）週末市集遊逛購物是雪婷家的一個重要活動。在清朗的夏天這確是一件賞心樂事。每逢週六該區域便會被劃作行人專區，街道兩旁搭滿攤位。每逢週六你實際上都能在那裏遇到你認識的人，人們都會在那裏消磨整個早上，購購物，和朋友聊天，差不多每五分鐘你就要停下腳步跟遇到的朋友打招呼。他們天南地北無所不談 —— 時事、天氣、家庭或園藝，很多時最終都會在路旁的咖啡店坐下來，邊喝咖啡邊繼續聊天。我第一次探望雪婷父母時，就是在維埃納週末市集首次遇到她的親朋戚友。他們第一次親眼見到傳說中雪婷的中國籍丈夫，都充滿着好奇。我猜想整條村莊早已在街談巷議為何雪婷會選擇嫁一個中國人。那個年代，異族通婚並不普遍，尤其是在法國這個細小的村莊。

我一直都很享受法國露天市集那寫意悠閒的氣氛。我覺得香港的街市往往給人比較急趕的感覺，香港人做事講求效率，購物都是匆匆忙忙的。現在我們每次回法國探親，都會去逛維埃納週末市集，但人們看到我和雪婷家人在一起時，已不再對

我「另眼相看」了。

在過去的三十多年，雪婷從一個完全不懂廣東話的鬼妹演變成為一個不單能操流利廣東話，還能不時跟街市檔主議價的鬼婆。而我很欣慰現在不再需要傷腦筋回答她一連串有關中國食品的問題了！

張仁良

香港教育大學校長

前言

　　從十歲開始陪着母親逛市集我便愛上了市集，直到如今仍未改變。在我生長的鄉村並沒有市集，最近的也在兩公里之外，去程要花上至少半小時，回程因為收獲豐富，手提重物，耗時更久。那是一個露天市集，逢週六營業，而我因為週六上午要上課，只有假期才可以陪母親一起逛市集。每月我父母還會去一次里昂附近的超市，但因為他們覺得我和姊弟三個小孩，太容易被甜食或無甚麼用途的東西誘惑，又擔心我們走失，便不帶我們去。因此逛週六的露天市集便成了我最大的期盼，我不僅能享受滿載而歸的樂趣，在芝士攤位品嚐各種芝士，更會碰到我的同學，和他們開聊一陣。遇上時裝攤位減價，我可能還會有新衣服呢。即使如今離家多年，每次回到家鄉我依然不會錯過這樣的市集，依然能找到童年的樂趣。而和商販們聊天，或是巧遇「志同道合」之人，都是市集讓我留戀之處。

　　1986 年移居香港，我便去探索香港的街市，切切實實感受到「文化衝擊」。和法國不同，香港街市的肉檔散發着血腥

味，蔬菜和魚販的攤檔前總是濕漉漉的，這也是為甚麼香港的街市被稱作「濕貨市場」的原因。我從沒見過的食材琳瑯滿目，大部分沒有名字或價錢標籤，讓我一開始便不知所措，但市集喧囂熱鬧的氣氛卻又吸引着我繼續探索。

說到市集，我自然又想到美食和法國鄉情。美食無國界，所以我時常受各地人們談論美食的熱忱感染。美食是生活的一種享受，有人說法國人為美食而活，與許多只為存活吃喝的人不同，其實這也適用於香港人。食物就是生命和健康。

我以此書分享我的街市體驗，希望引起讀者探索香港街市的興趣，感受充滿本土特色的街市文化，勇敢嘗試地道新食材，與攤販交流，讓他們與你分享新食譜和新體驗。

香港街市實在是閒逛購物，充滿樂趣的好地方。

張雪婷（Christine Cappio）

註：本書所有版權收益，作者將如同其首部著作《鬼妹港故事》一樣全數
　　捐贈慈善機構。

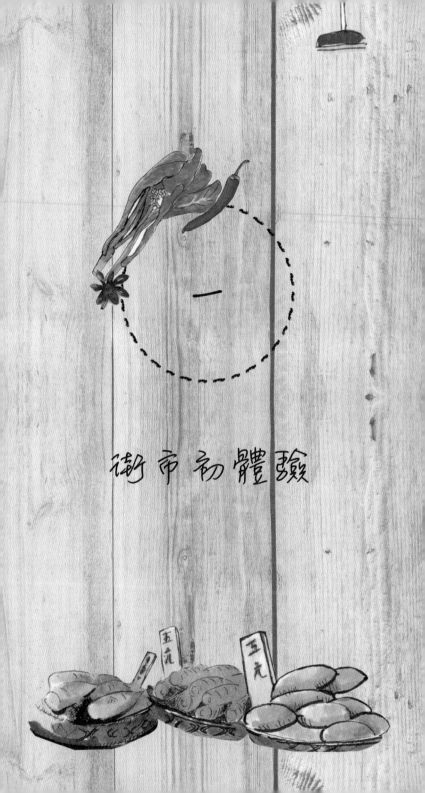

一

衛市初體驗

警告：
不要去街市！

　　1985 年夏天，我趁着暑假第一次來香港，探望我的男友仁以及他的家人，希望看看他成長的城市，也看看自己否能適應，願意留下來跟他在這裏生活。雖然只逗留了短短一個月，我卻愛上了香港的美食、文化和人。那時我住在仁位於灣仔的家，每次去大埔探望仁的祖父母，或是去沙田他的母校中文大學，我們都要在皇后大道東乘搭過海隧道巴士。而從灣仔道步行到皇后大道東，我好幾次瞥見了那裏的街市，對其中琳瑯滿目的貨物充滿好奇。不過那時仁的媽媽，我未來的婆婆，每天會為我們下廚，我也就不需要買甚麼。

　　十個月之後我搬到了香港，並未預料到一個月之後我和仁便結婚，而香港成了我的家。在搬去置富花園，即仁的姐姐轉租給我們的房子之前，我們在媽咪（我這麼叫我的婆婆）家住了六個月。和許多中國人一樣，媽咪不喜歡在冰櫃裏存放新鮮的肉類和蔬菜，她認為這樣食物會不夠新鮮，也會造成營養

2

流失。她那時在香港仔的一家藥廠工作，儘管每天很晚下班，她依然堅持去街市買新鮮食材煮晚餐。街市在灣仔道，離家步行五分鐘，但因為媽咪下班之後從藥廠直接去街市，我便沒有機會陪她去。雖然她知道我其實想一起去，但她說街市空氣污濁，地面濕滑，為了我的安全，我最好不要去。儘管她沒明說，但我知道自己去反而會「幫倒忙」。首先，媽咪不會講英語，我又不會講廣東話，我們的交流只能靠微笑和手勢。其次，我跟着她會減慢她的速度，因為我對一切都很好奇，可能會花時間停步注視市場上的「奇瓜異果」。而且，她可能擔心我會走失或在魚檔的濕地板上滑倒受傷，所以會像對待小女孩一樣，一直牽着我的手，這會讓我有些尷尬。基於以上幾點，我不再堅持和媽咪同去，但我的好奇心讓我覺得有必要自己獨自去探索街市。

紀詩婷, wet markets are smelly, dirty and slippery. Don't go!

媽咪不讓我去街市

3

因為街市腥臭

骯髒

濕滑

4

觀察

初到街市，我很想知道枝竹、麵筋、菱角以及掛在鐵架上用細小塑膠袋包着的各色醬料是甚麼，它們千奇百怪，讓我大開眼界。我非常好奇，想一次嚐遍全部食材，於是問了仁無數問題，比如「一枝枝和一張張薄的黃色東西是甚麼？」（後來知道那是枝竹和腐竹），以及這類東西怎麼烹調，味道是否可口等等，問題太多，仁有時也不能一一作答。

香港的街市有某些方面不同於法國的市集。但我同樣喜歡那種氣氛、人流和五光十色的貨物陳列。那些貨物和氣味都不一樣。我想念法國市集裏空氣中飄着的烤雞焦香。我還是學生時，曾在法國兩個市集賣牛雜賺取來港旅費，那時見過許多鮮肉，但我從沒見過像香港街市這樣擺放生肉的。

初來香港的幾個月，我很喜歡看本地人買那些對我來說很「新奇」的東西，看他們怎麼和檔主聊上幾句，我也在旁嘗試以自己的方式記住那些新鮮食材，比如那種翠綠的卻滿身疙瘩的瓜叫苦瓜、淺棕色帶孔的是蓮藕、其貌不揚像「木塊」的是淮山，以及細長長鬚、形如婆羅門參的是牛蒡。最好看的是

果身柔軟、果皮豐厚粉紅、頭端「鱗片」微綠的火龍果。我發現這裏的紅蘿蔔比法國的大很多，所以一開始我以為它是用來餵牛牲口的。我還認識了好幾種蘿蔔，有青色的（青蘿蔔），也有白色的（白蘿蔔）。

最讓我吃驚的是香港很多攤檔都延伸到街市外的行人道上，在那麼狹小的舖面中，竟然可以擠得下那麼多貨品。香港寸金尺土，精明的商販會用盡店舖空間，因此店舖中貨品無處不在，有些貨品被掛在金屬桿子上，有些堆積在貨架和桌子上。能夠這樣用盡每寸空間，真讓人驚歎。雖然店舖空間有限，賣家會盡力向顧客推薦最多的選擇，並非常迅速找到相關貨品。比如我看到進口和本地的香蕉或大蕉，被掛在高高的金屬桿子上，這樣不但可以通風，讓香蕉不至於很快過熟而腐爛，而且可以節省空間。在氣候不似香港炎熱的法國，香蕉通常是直接放在塑膠容器裏的。香港的蔬果也是堆放得高高的，我喜歡貨品陳列的垂直視覺效果，我尤其喜歡看疊成一排排的通菜，它們中空的莖如同一根根小管子，煞是好看。同樣，這讓我想起法國每年五月初上市的白蘆筍，一小捆一小捆地直立在那裏，如同新鮮的幼樹枝。但相對來說，法國的貨品陳列較為平面。畢竟法國市集不像香港街市那樣買賣頻繁，因此法國攤檔店主不必堆積過多貨品在桌子上，他們大多喜歡平放貨品，讓顧客看得更清楚。吸引我注意的還有肉檔和雜貨舖的金屬鉤子、用繩索吊在半空的小錢桶、天花板上的電風扇，以及店內的紅色燈光。攤檔的店主都用紅色燈罩，讓紅光灑在綠葉

蔬菜、水果、肉和魚上，讓食材看上去色澤更新鮮，即使是在日間和全年最酷熱的夏季，他們也這麼做。

在灣仔道一帶，雙行停車的運貨車輛會造成交通擠塞，逛街市的顧客也只可汗流浹背地在擠塞的車輛中蜿蜒穿過。皇后大道東街角還有一個室內街市，我從未「冒險」進入，現在想不起來為甚麼不敢進去，但我總覺得有些可惜，但估計當時是街市的狹小環境和氣味讓我望而卻步吧。我覺得香港人稱街市為「濕貨市場」而不是「農民市集」是很精確的，因為香港人認為綠葉蔬菜、新鮮魚肉是「濕貨」，有別於其他「乾貨」，如衣服、飾品、玩具或廚具。此外，這些售賣新鮮產品的攤檔，周圍也是常年濕滑。媽咪告訴我，商販會給蔬果噴水以保鮮，水流到地上就會濕漉漉，也有魚缸的水會溢滿流到地上，肉檔廢棄的肥脂有時也會被扔掉到地上。逛街市的顧客要切記小心走路。

好奇的我不斷問仁問題

我看到很多新奇的東西，長滿疙瘩翠綠色的瓜（苦瓜），還有體積那麼大，我以為是用來餵牛的紅蘿蔔

我從沒見過這樣將各種肉堆放着的肉檔

躲藏

我丈夫和我搬到了薄扶林的置富花園，從此我們要自己購物。通常我們在住處附近購物中心裏的市場買菜，和灣仔道的街市不同，這裏地面乾淨，還有冷氣。週末我們便去薄扶林村買菜，這裏攤檔和菜的種類雖然略少，但保留較多街市的原有特色，食物價錢也較便宜。村民把少量蔬菜放在錫皮屋頂房子的台階上或者裝在柳條籃裏賣。我還記得當時有一個年邁村婦賣豆腐花，這種白色啫喱狀東西，我從未品嚐過，自然對它的味道充滿好奇，但嚐過後覺得如不加薑汁糖漿，它味道寡淡。

一開始仁不贊成我和他同去街市，除了環境雜亂以外，他還擔心我因為不是本地人而遭遇缺斤少兩。如果我堅持同去，他則讓我站遠點，讓人看來我們並不認識。他這麼做是因為太太是「鬼妹」（香港人對西方女子的謔稱）而羞愧嗎？ 其實不然，這是他的「伎倆」，因為他擔心攤販看到一個鬼妹，便會抬高價錢。我想這也有道理，畢竟我們也不像經驗豐富的顧客，於是我聽從仁的計策躲在角落等他，但誰曉得仁真的有沒有被「呃斤騙兩」呢！

仁的技倆——他買我躲

學購物

一開始我便有興趣學做中餐，當然我也要學會買食材。我不介意街市的雜亂，但卻要先克服會被攤販欺騙的擔憂，為此，我要學說廣東話。

因為本地人都熟知各種食材，攤販也就不會多此一舉地再標註食材名稱。但這對我來說實在太難，特別是魚肉攤檔，不僅沒有食物名稱，連價錢也沒有。有時會看到蔬菜中間立着寫着紅色漢字的棕色紙板標籤，或者浮在魚桶上的發泡膠標籤，但我卻不知其所云。一開始我只認得肋排和豬手，便用手指指給攤販看，但我不想僅僅如此，我希望能像本地人那樣挑選各式各樣的食材。和法國不一樣，我發現香港人會以價錢作單位來買，比如他們會説「我要 15 蚊瘦肉」或者「20 蚊免治豬肉」。我當然也可以讓仁用中文寫下要買的東西，我只需要拿給攤販看即可，很多香港家庭的外傭便是這麼做，但我覺得這不是長遠之計。因此我讓仁讀出食物名稱和簡單的買賣對話，我用字母記下這些發音，並不斷複習。慢慢地我開始會辨別不同食材，學會了怎麼説價錢，以及計量詞，比如「磅」、「斤」，

以及「份」、「紮」這些本地人常用來表達單位的詞語。

逛街市可強迫我努力去聽和說廣東話，加之攤販們幾乎不會英語，這樣便給了我很多說廣東話的機會。我還發現攤販們和我說話時語調很滑稽，一開始我以為他們是在嘲笑我的發音，後來才知道他們在學我的口音，以為這樣我更容易聽懂。一開始我很拘謹，不敢多說。因為發音不準造成攤販誤解我，我覺得很懊惱。他們為甚麼不能用點兒想像力推測一下我想說的內容呢？幾次經歷下來我意識到只能自己多些耐心，並不斷重複，直到對方聽懂。就這樣我的廣東話大有進步，也變得更加獨立，且感覺自己更加融入本地的生活。當然其中也少不了被「呃秤」，或是買到不新鮮的食材，或者被欺騙買更多。

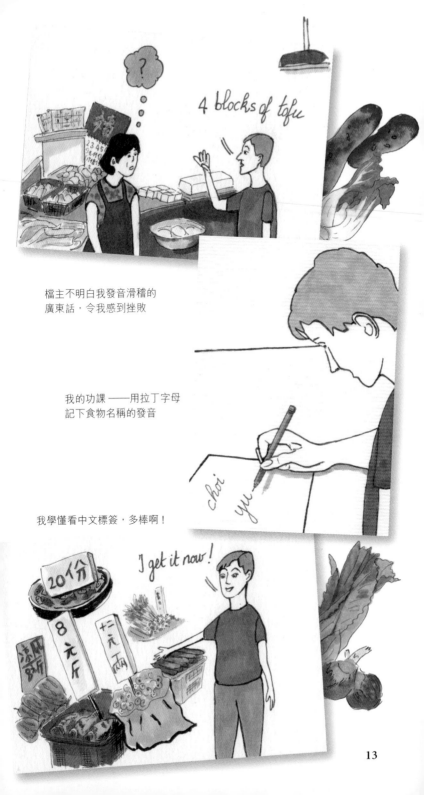

4 blocks of tofu

檔主不明白我發音滑稽的
廣東話，令我感到挫敗

我的功課 ——用拉丁字母
記下食物名稱的發音

choi yu

我學懂看中文標簽，多棒啊！

I get it now!

20仟分

8元斤

十二元丁兩

秤重

　　一開始我不懂怎麼分辨街市上的蔬果是否成熟或新鮮，因此很容易被欺騙。加之香港用「斤」為計量單位，又是用港幣，我得在心中換算（當時 1 法郎兌換 1.2 港幣），這讓我的購物經歷難上加難。記得我第一次在薄扶林村街市，我還來不及看清楚，攤販便稱好了我要的東西並迅速包好。我聽說有些攤販會故意給東西噴水以增加重量，但我寧願相信他們這麼做只是為了給蔬果保鮮。如果真是為了「呃秤」，那一顆白菜能吸多少水，額外增加的重量又能多值幾多錢呢？為了不被欺騙，我只好仔細聽我旁邊的顧客要給多少錢，以此推斷我買的東西應當值多少錢。但這個方法難以付諸實行，而且不盡正確。在香港灣仔道街市，秤重的過程對我來說更加如謎一樣。那裏的攤販用的是帶秤砣的傳統秤，秤砣前前後後擺動一番，幾乎看不到它在哪個點停住，但秤重過程卻完成了。我看到本地人也不多問，似乎大家都習以為常，那就乾脆相信攤販。雖然現在大多數攤販都改用機械秤，刻度板會同時顯示「磅」和「斤」，但通常我還沒看清楚指針停住的位置，攤販們已經讀出讀數，

然後移走貨物。不過一些室內街市會放置額外的電子秤給顧客們自己檢查攤販的讀數是否正確，我也看到時常有顧客在秤他們買好的東西。

有一次我在一個女攤販那裏買老黃瓜，她說瓜重一斤。我很納悶怎麼這個瓜不多不少剛好一斤重，我天真地想這個瓜可能稍比一斤重一點，這個攤販就乾脆算一斤了。但回家再一秤，我才發現這個瓜根本不到一斤。但這也不只是發生在香港，恐怕很多地方的攤販都會耍些小計倆，尤其對生客，而顧客們也懶得為了幾毛幾分去斤斤計較。

此外我還學到要很小心地看單位，尤其是那種以「捆」賣的蔬菜，比如豆角、菜心、通菜或者大白菜。將菜事先捆好當然是為了讓購買更省時，法國的商販也這麼做。但你得留意「一捆」並不代表一斤，雖然有可能這捆蔬菜旁邊的菜是以一斤的單位來標價，你回家後或會發現你所買的那捆白菜只重半斤！

我很疑惑，怎麼這個瓜不多不少剛好一斤重？

回到家再秤，才發現它根本不到一斤

商販伎俩

在香港的街市我通常最後會買比原計劃更多的東西，有時小販會欺騙顧客買更多，尤其是價格不菲的海鮮乾貨。有一次我打算買核桃來做核桃麵包。當時每磅的價格已標明，而我通常說只買一磅。但商販往往抓許多核桃放在秤上，然後很小聲地告訴我價錢，而這個價錢遠多於一磅。一開始我想跟她說我要不了那麼多核桃，但轉念一想，反正我還可以用核桃做點別的，那就算了吧。或許我可以稱之為「善意的欺騙」吧，畢竟多餘的核桃也是我享用的。

商販的促銷技倆 —— 你要買一磅，他們
往往抓遠多過一磅賣給你

買到陳貨

　　剛來香港那幾年，因為語言問題，我只會買白菜、芥蘭和菜心。隨着廣東話進步，我開始嘗試那些從未試過的食材，並向小販們討教食譜。但有時還會因溝通問題，或因我不是熟客而被欺騙。比如有一次我買了粉葛，菜販教我用粉葛加赤小豆、豬骨和魚一起煲湯，可以祛濕。但他卻沒有告訴我這粉葛很老，難以入口。還有一次我在另一家店舖買了茨菇，回家才發現很不新鮮。當然我再也沒有去這家店舖，只好告誡自己以後買東西要仔細觀察它們是否新鮮。

　　這讓我想起 50 年代幾個英國年輕人到法國去探望他們的法國筆友而被「捉弄」的故事。英國人沒吃過洋薊，而法國人卻不告訴他們洋薊的葉端和外部葉片都是不能吃的，你可以想像英國人一口咬下去會是甚麼反應。話說洋薊在香港並不常見，即使有些餐館供應，端上餐桌的已經是處理過後的部分，很多人並未見過完整的洋薊，更不懂怎麼烹煮。

菜販很友善，教我如何煲粉葛湯

他說粉葛湯可祛濕

但他忘了告訴我這個粉葛既老且硬，難以入口

手勢

　　香港人五根手指就能表達一到十的數字，看不懂的話就會發生尷尬的事。有一次我在置富花園街市的一家肉檔買肉，檔主用廣東話説「16 蚊」（中文裏十以上二十以下的數字是先説十，再説個位數字），但我聽成了 15 蚊，便給了他一張十元港幣和一個五元硬幣。他沒有接錢，卻重複了一遍「16 蚊」，並用大拇指和尾指做出「6」。我看到他翹起拇指和尾指，以為這兩個指頭代表數字 2，便又換了一個兩元硬幣。檔主有些不耐煩了，頻頻用兩個手指比劃「6」，這讓我更摸不着頭腦。最終排在後面的顧客用英文説了 16，才替我解了圍。

肉檔檔主用廣東話説「16 蚊」

我誤聽為 15 蚊，便給了他一張
10 元紙幣和一個 5 元硬幣

檔主重複用廣東話說「16 蚊」，並豎起了大拇指和尾指。我以為是 12 蚊，便又換了一個兩元硬幣。最後一位顧客大聲用英文說「16 dollars」，才替我解了圍

我這才曉得中國人以豎起大拇指和尾指這個手勢來表示數字「6」

新嘗試

　　對香港熟悉一些之後，我開始逛旺角和大埔的街市，發現一些新食材，比如茭筍、萵筍、枸杞、芥菜、牛角椒等等。

　　我猶記得第一次買到仁稔（Dracontomelon），我將其混合子薑、豬肉碎和黃豆醬製成一種特殊的醬。但味道卻事與願違，仁只嚐了一小匙。原來是因為我加入了太多子薑，其味道掩蓋了仁稔的清甜。給我這道食譜的朋友特別提到仁稔的果肉有種檸檬清新的香味，可以中和薑的辛辣。很遺憾我沒有遵照食譜所指示的用量，因為我自己很喜歡子薑的味道和口感而加添多了。那碗失敗的醬我卻配着白飯和炒茭白吃完了，重口味的醬料正好搭配淡味的茭白。之後我沒有再自製醬料，而是在每年 5 月到 7 月子薑上市的時候直接買現成的醬料，用生菜包着吃。那次失敗經歷的唯一收益是我留下了仁稔的種子擺在書桌上，它們看起來像外星人的眼睛，讓我覺得頗有趣味。

我買了仁稔做醬，結果……

仁只嚐了一小匙，甚麼也沒說，OK，我明白了

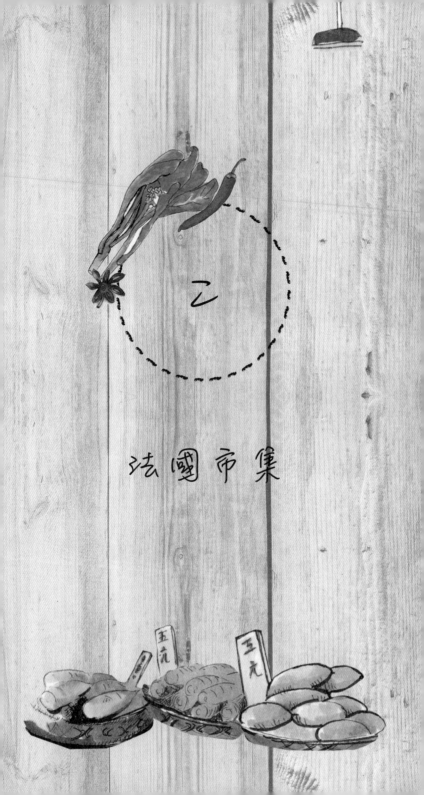

乙

法國市集

玉元　玉元

在歐洲，市集的出現可以追溯到中世紀，那時候農民們開始把自家的農產品拿到附近的城市出售。巴黎最古老的市集「紅孩兒市場」，位於瑪黑區（Marais），17世紀已具規模。此外，左拉（Zola）在他的同名小說《巴黎之胃》（Belly of Paris）」中稱12世紀建成的室內批發市場——巴黎大堂——為「巴黎之胃」。目前，全法國有一萬多個傳統市集，大部分都販賣傳統食材，一小部分出售有機蔬菜。市集一般一週只營業一次，且通常到午飯時間就結束了。

這些市集多在室外，比如市政廣場的教堂前方，或市政廳旁，或在有寬闊行人道的主街上。也有些在室內市集大樓，這些室內市集旁有時還會搭配室外市集，但也是一週一次。

法國也有一些永久營業的市集，室內外皆有。比如位於巴黎穆浮萍達街（Rue Mouffetard）和蒙特吉爾街（Rue Montorgueil）的便是露天市集。有些室內市集還有頗具風味的餐廳，這些室內市集從週二開到週日中午，依照相關法規，逢週一休息。比如里昂最大的室內市集——保羅・博古斯市集（Halles Paul Bocuse），建於1859年，以當地名廚保羅・博古斯命名，該市集有好幾家有名的芝士奶酪店和售賣各種醃製肉食的店舖，大多可供食客現場品嚐。

當然法國的市集也不只限於售賣食材，也有花卉、衣物和飾品等。大部分攤位都是當地農民直接售賣自家種植的食材，也有部分菜販會帶來一些當地不生產的食品，比如香蕉或外地進口水果，但菜販攤位通常只出現在大型市集。

露天市集的一大特點是有烤肉攤位，人們逛市集的時候很難抗拒烤肉的飄香，尤其是逛了一整個上午饑腸轆轆，正好可以享受一頓烤雞或烤豬手加烤薯。

一些大型市集還會有專門賣新鮮菌菇的攤位，全年出售新鮮香菇，或者人工養殖的蘑菇（法國人稱其為巴黎菇）。當季菌菇也能買到，比如秋天上市的野生雞油菌和灰喇叭菌，以及來自法國西南地區的松露。

另一些法國人鍾愛自己去森林採菌，踏着落葉，尋着香味為午餐找到鮮美食材實在是一件樂事。我還記得小時候和父母在秋天去森林裏採集黑雞油菌。當不確定採到的菌菇是否有毒，父母便會將其帶到附近的藥店尋求專業意見。採菌菇雖費時，卻是和家人相處的好時機。我們一家人會帶上三文治、咖啡及其他飲料順便在森林中野餐。如果我們那天「戰果」不豐時，一頓野餐可讓人心情愉悦。如果滿載而歸，母親便會把一部分採到的菌菇當即入膳，剩下的放在室外曬乾。冬天可以用乾菌菇燉菜或者配烤肉。

一些菌農還會賣合歡花和接骨木花，它們可以用來製作甜甜圈。接骨木果還可以用來做法式煎餅。

養蜂人也會來市集賣蜂蜜，根據季節不同，蜂蜜會有不同的花香。比如合歡花蜜顏色淡雅、味道清甜，栗樹花蜜則為琥珀色，味道濃郁。

小時候我和父母在秋天去森林採菌

我們帶上三文治、咖啡及其他飲料，在森林中的空地上野餐

This is poisonous!

當不確定採到的菌菇是否有毒，父母便會將其帶到附近的藥店尋求專業意見

我最喜歡逛芝士攤檔，主要因為可以現場品嚐，檔主也很樂意讓顧客們隨意試吃。法國有 350 多種芝士，當然每家每戶自會有鍾愛的品種。雖然我們也經常試吃各種口味，但我母親依然堅持買孔德芝士（Comté）、孔德里約的里戈特芝士（Condrieu Rigotte），以及奧弗涅藍紋芝士（Auvergne blue cheese），再加每週一樣新嘗試，比如薩瓦半硬質芝士（Savoy Tomme）、聖耐克泰爾芝士（Saint-Nectaire）或聖保蘭芝士（Saint-Paulin）。我們幾乎不買加工過的芝士，認為它不夠純正。但我有時也愛吃學校食堂供應那種楔形的奶油芝士，主要因為這款芝士的包裝紙上面有一頭在笑的乳牛，讓人覺得很可愛。

我最喜愛芝士攤檔，因為顧客可以隨意試吃

維埃納週末市集

我個人非常喜愛維埃納（Vienne）的週末市集。維埃納是一座距離里昂 30 公里的小城，其週六露天市集的規模在法國東南位居第二，僅次於尼姆（Nimes）的市集。維埃納市集擁有 400 多個攤位，排列在市中心的主幹道邊，櫛次鱗比，目不暇給。雖然沒有資料具體說明這個市集建於何時，但我想起碼可以追溯到中世紀甚至更早，因為小城地靠羅納河（River Rhône），曾是羅馬帝國主要的貿易城鎮之一，至今城裏還可以看到羅馬帝國的斷壁殘垣。

每到週六市集開放時，部分市區禁止車輛通行，逛市集的人們可以隨意步行在馬路上。週六早上 4 點左右，攤販們便開始搭建攤位，擺好貨物，希冀天亮之後生意興隆。他們的農場或田地一般在 20 多公里外，因此他們希望運來的貨物能夠售完，便不用再費力將餘留產品帶回。市集在午後結束，最晚到下午一點半，攤販們必須拆卸攤位並離開，因為兩點之後馬路重新通車，這之前還得留時間給人打掃清理。

維埃納位於皮佩山（Mount Pipet）山腳，山上的聖母瑪

利亞雕像俯瞰小城。在聖母的俯視下，市場上的買賣雙方便更應言行妥當。

菜販和農民的攤位位於城中央，環繞米黑蒙廣場（Miremont Plaza）上的社區會堂。時裝和飾品攤位則在滿是梧桐樹的行人大道上，並延伸到聖彼得教堂廣場。教堂建於5世紀，如今是博物館，展出古羅馬時代的雕塑、馬賽克藝術品、石棺和陶器等。這附近的攤位大多出售北非和土耳其的舶來品，比如新鮮薄荷或清真肉類。維埃納有大量的北非和土耳其裔居民，到了週六他們都聚集在市集。這裏還有北非小吃攤，很多人買好之後就站在旁邊吃起來了。你能聽到各種語言混雜，各色服飾雜陳，給平日安靜的小城增添了熱鬧和異域情調。購物完畢，大家可以隨便選一家路旁的咖啡店坐下休息，欣賞市內中世紀半木質結構的房子，或者建於公元1世紀的莉薇亞・奧古斯塔神廟（Temple of Auguste and Livie）精致的科林斯柱，或者乾脆就像很多法國人一樣悠閒地看着人來人往。

週六的市集早已是當地人及住在附近城鎮的人生活中不可或缺的部分，市集不僅提供購物機會，也是一個輕鬆的社交場所，你可以看到攤主和顧客閒話家常，顧客們聊着新聞八卦，當然也很有可能碰到熟人。人們不會只互相打個招呼便走開，而是或聚在攤位前，或去咖啡店聊天。我母親便常碰到鄰居或者是和她一樣的熟客。年長的人喜歡趕早，當他們已經到達購物的最後一站——麵包店時，年輕人才陸續來到，這時市

集開始擠擁了。平時只需要 5 分鐘走完的街道，到了週六因為擺了攤位通常得花 3 倍時間才能走通，這樣的維埃納竟然有些像香港了。

市集上的蔬果販子和農民還是能區分出來的。其一，蔬果販子們自己不種植，他們多從溫暖的國家，如西班牙或者摩洛哥進口香蕉、檸檬、西瓜、柿子、石榴、葡萄柚、燈籠椒、蕃茄等法國不常見的產品。雖然其中一些在法國也能種植，但不如進口的便宜。當地果農只賣本季的水果，比如冬天賣蘋果，夏天賣梨、桃、李和杏。其二，蔬果販子通常把貨物擺在摺桌上，雖然他們的攤位很簡單，但也不至於「淹沒」在其他攤位中，因為他們身後有高高疊起的木頭箱子，裝滿了貨物，旁邊通常還有一輛運送貨車，也裝滿了貨物。他們喜歡以批發形式出售，給顧客折扣。但如果你只買一點，他們通常還是會給點折扣。其三他們往往也是市集中最吵鬧的，他們扯着嗓子叫賣當然是為了招攬更多顧客。

近幾年維埃納市集熟食攤增多，可能是法國人越來越喜歡這種可以打包帶走的便捷方式。熟食多是當地特色，也有各國美食，比如現做的西班牙海鮮飯或北非小米飯，很遠便香氣撲鼻。冬天德國阿爾薩斯地區（Alsace）的酸菜也很受歡迎。大無畏的可以嘗試馬德拉醬汁（Madeira sauce）煎羊腰或牛腰。一些肉舖和魚店也賣烹製好的里昂魚丸（quenelles）、釀魷魚、雜錦海鮮沙律、炸魚等等。

市集還有一個賣亞洲特色食材的攤位，這裏可以買到醬

油和大米。他們也賣炸春卷,人們可以買了邊走邊吃。亞洲攤位旁是一家賣觀賞雀鳥的攤位,我小時候一直希望擁有一隻彩色的鸚鵡或者黃色小金絲雀。我父母卻從未首肯,因為我們家已經飼養了雞、兔子、羊、一隻貓和一只狗,再來一隻鳥我父母嫌太麻煩了。聽起來你們可能會以為我家住在農場,其實不然。後來,我父親的一位朋友送了我一對他不願再養的鸚鵡,我樂不可言。但好景不長,幾個月之後冬天來臨,小鳥兒被凍死了。自此以後,我不再養鳥,直到 1995 年一隻鸚鵡居然飛進了我們在北角的公寓!我準備了一個鳥籠,又給它買了一個同伴。這一次,它們陪伴了我較長的時間。

在維埃納的市集最受歡迎的是芝士攤位。 些攤位只專賣一種芝士——孔德里約的里戈特芝士。這是一種羊奶芝士,產自距離維埃納以南 10 公里的孔德里約,因此得名。2009 年這款芝士獲得了「原產地命名控制」(AOC)的證書。它們通常每包有三至六塊,具有不同的成熟度。最新鮮的圓柱狀芝士的熟期至少有 8 天,為象牙色,口感扎實卻又很潤滑。充份成熟後,它的外皮呈現藍色,內裏更硬,它特有的栗子香味也更濃郁。

還有一些攤位賣法國特色菜,比如用孔德芝士和蕃茜做餡兒的意式雲吞(Ravioles du Dauphiné),或是以香草糖、法國橙花水、檸檬和橙皮入料的法國南部特色麵包「Pogne de Romans」。攤主會準備一小塊讓路人們試吃,這就像澳門街頭賣牛肉乾和杏仁餅的商販一樣,也會準備少量讓路人品嚐,

皮佩山（Mount Pipet）上的聖母瑪利亞像俯瞰着我們

法國人其中一個最喜愛的休閒節目之一──購物後在路旁的咖啡店坐下欣賞莉薇亞·奧古斯塔神廟（Temple of Auguste and Livie）的科林斯柱，或乾脆看着人來人往！

去市集不只可購物，還可與朋友聯誼

週末市集特色——
新鮮的凍牛奶都裝
在一個大桶中，顧
客可以拿杯子裝了
直接喝或裝在自家
的膠瓶裏帶回家

小時候，一位住
在村北的奶農每
天給我家送新鮮
牛奶

自製牛油樂趣多！當我估計
忌廉量足夠塗抹一片多士
時，便用力搖容器直到乳清
脫離牛油成型

以此招攬生意。

維埃納的市場還有一家橄欖油攤位，賣各種橄欖油、橄欖、腌菜、檸檬、鳳尾魚和番茄醬。商販把這些地中海風味的食材裝在圓形籃子裏，籃子擺在鋪着具有普羅旺斯（Provence）風格的枱布上，搭配着亮黃色的帳篷，充滿普羅旺斯溫馨的情懷。

這裏的市場還有一大特色是售賣未經高溫消毒的新鮮凍牛奶，凍牛奶裝在一個大桶中，顧客們可以拿杯子乘了直接喝或者裝在自家瓶子帶回家。這樣的方式比超市的盒裝牛奶更便宜且更環保。我記得小時候有一位住在村北的奶農每天給我家送新鮮牛奶。他每天很早就到，為了不吵醒我們，他不按門鈴，而是把牛奶裝在我母親事先放在牆邊的金屬罐子裏。我們拿到奶後要馬上加熱，這樣它可以保存更久。他送的牛奶奶香非常濃郁，我放假時還嘗試用這牛奶來製作牛油。我把黏在牛奶罐壁上的奶油轉移到一個可以密封的陶瓷容器中。幾天之後，我估計奶油的量足夠塗抹一片麵包了，便使勁搖晃容器直到乳清脫離牛油成型。我把牛油塗在吐司麵包上，再撒上少許鹽，味道非常好。

之前我從來不知道牛奶有高溫消毒和未消毒之分，直到那個奶農去世，無人送奶，我母親開始從超市購買高溫消毒牛奶，我才知道我以前喝的都是「生」牛奶。我用了很長時間才適應母親從超市買回來的那種包裝上印有黑白乳牛的牛奶。到了秋天，這名奶農又會賣一種名為「路易好人」（Louise

Good）的法國梨，但他愛謔稱其為「好人路易」（Good Louise）。

除了週六的大市集，維埃納不同的區域還會有一些除週一外每天都開放的露天小市集。不過週六的大市集一直是我最想念的，現在每逢回里昂探親，我都會找時間去逛。

美麗市集

　　法國有眾多非常有意思的市集，它們不僅吸引着遊客，而且是本地人生活不可或缺的部分。法國人通常會有一些自己情有獨鍾的市集，這些市集或許是因為童年時曾伴着父母同去，留下溫暖的記憶，又或許只是在某次旅途中機緣巧合地碰上，之後便一直心嚮往之。很多家庭在暑期出遊時，會去逛逛沿途城市的市集，嚐嚐最地道的當地風味。

　　有些小城鎮的市集僅在夏季開放，因為這時遊客眾多，加上在大城市工作的人們暑期回家鄉，便給市集帶來了生機。熙熙攘攘的人羣，色彩斑斕的夏季蔬果，一切顯得那麼熱鬧生動。有些夏季市集還有表演，比如沙萊龍恩河畔的沙蒂利翁（Châtillon-sur-Chalaronne）或者貝爾福（Belfort）經常會看到手風琴或者手搖風琴表演。法國南部的一些市集主售橄欖、橄欖油、榛子醬或蜂蜜。在一些沿海城市，比如諾曼弟（Normandy）、布列塔尼（Brittany）、阿基坦（Aquitaine）及普羅旺斯 - 阿爾卑斯 - 蔚藍海岸（Provence-Alpes-Côte d'Azur）一帶，人們可以在市集嚐到生蠔、帶子等現捕海鮮，

或者點一盤海鮮拼盤，配上一杯白酒，享受海風海味。諾曼弟的市集還可以買到用未處理的牛奶製成的卡蒙貝爾芝士（Camembert cheese）、牛油和法式酸奶油。而布列塔尼的市集自然可以買到具有當地特色的鹹薄餅。總之每個市集都自豪地展示着當地的特產。

奧克西塔尼亞（Occitania）的卡奧爾市集（Cahors）以黑松露聞名，位於法國西南部佩里格地區（Périgord）的小城薩拉（Sarlat-la-Canéda）和貝爾熱拉克（Bergerac）的市集以肝臟製品而聞名。我父母每年都會去那裏買鴨肝或整隻鴨子（若買整隻鴨，每公斤鴨肝會比單買鴨肝要便宜，但你也沒法看到鴨肝大小），帶回家做成肝醬或肉醬。

從前五月的週末，我會和父母一起去距離維埃納以南 60 公里的阿爾代什省（Ardèche）划艇。划艇結束後的重要活動便是去逛當地的市集。若是有長週末或假日，距維埃納 175 公里的瓦隆蓬達克（Vallon-Pont-d'Arc）會在一個很大的停車場佈置出一個市集。攤販們有些縱使住在 60 公里開外，也會把新鮮的當地食材，以及蜂蜜、葡萄酒等帶到此地出售。8 月我父母還會再去一次阿爾代什省的市集買蒜，因為這裏的蒜比維埃納的更價廉物美。

法國人太鍾意逛市集，2018 年有一家私人電視台還專門舉辦了一場比賽，讓大家投票選出最好的市集，全法一共有 25 家市集獲得提名，且在中午 12 點的新聞報告完結前一一介紹給觀眾。我那時正在法國探親，便看了報道。不僅攤主，顧

客們也是以極大的熱忱介紹自己的地方風味。比賽持續了兩個月，最終東南部瓦爾省的濱海薩納里（Sanary-sur-Mer）市集以新鮮和多樣化奪冠。這座地處漁港的市集已有近 600 年歷史，它的海鮮食材都來自就近海域，市集還出售檸檬、橙子和橄欖。

聖誕市集

聖誕市集在聖誕前的一個月開始營業，由一座座木頭小屋組成，這些小木屋裝飾着聖誕花環，彩燈或者人造雪花。聖誕市集的特色零食是薑餅，市集也售賣手工玩具或者各種和聖誕相關的裝飾、器具。

阿爾薩斯地區的聖誕市集除提供導覽，還有一些互動活動，比如學烤阿爾薩斯地區的風味糕點，或者參加故事會。夜幕降臨，華燈初上，是逛聖誕市集的最好時機。通常一個城市會有幾個聖誕市集，規模最大的會從每年 11 月底持續到聖誕前夕，每晚差不多 10 點才打烊。人們通常結伴出行，一起享受烤栗子，熱紅酒以及暢談的時光。

里昂的聖誕市場上能嚐到生蠔和奧弗涅（Auvergne）特色芝士薯蓉。里昂還有一款聖誕特色朱古力叫 Papillotes。每顆朱古力都會先用一張印有謎語或箴言的紙裹上（有些類似幸運餅乾），外面再包一層金色或銀色的包裝紙。據說這源自 18 世紀，住在里昂沃土廣場附近的糕點師 Papillotes 先生的學徒愛上了樓上的一位姑娘，便偷拿了師傅的朱古力，並把

愛的信息藏在朱古力包裝中。當然如今不僅在里昂，在全法國都可以買到這種朱古力。這也讓我想到了元末「月餅起義」的典故。說是在元朝的嚴密搜查下，以朱元璋為首的各路反元人士將信息寫在紙條上，藏在月餅中，或是將謎語印在月餅上。如果傳說是真，這也是中西文化一種有趣的巧合吧。

傳說中有位糕點學徒將愛的字條藏在朱古力裏，送給樓上一位心儀的姑娘，藉此奪取芳心

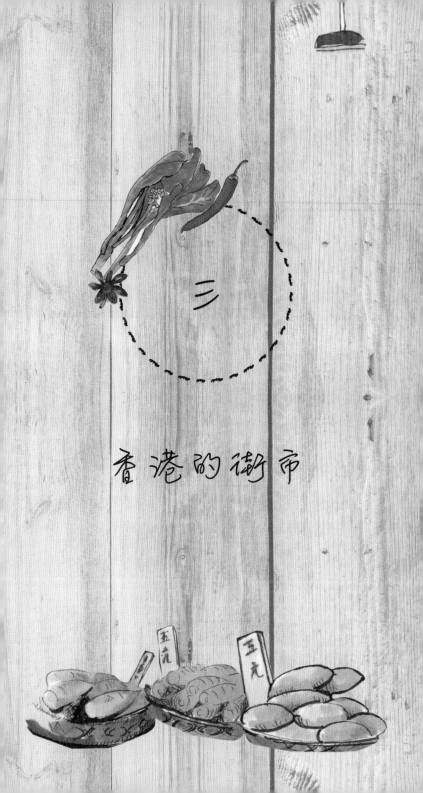

三

香港的街市

香港的街市也有悠久的歷史。街市常見於石屎森林間的狹長街道上，有些則在室內，室內的街市也分私營和公營兩種，通常室內街市比室外那些要乾淨一些。

80 年代香港還可以看到很多流動小販，現在幾乎絕跡，只有時可在火車站附近看到用板車拉來水果的小販。

如今香港房屋委員會及房屋署以招標形式將政府所屬的街市攤檔租給攤販，通常以三年為期。截至 2017 年 6 月，香港共有 22 間以這種形式營運的街市，其中 6 間為個人承包經營，比如位於大埔的廣福邨和大元邨街市，觀塘的啟田商場街市，以及屯門的友愛邨街市。這些街市裝有空調，地面乾淨，貨物的陳列也更整齊，像超市。他們還為購買到一定金額的顧客提供一小時免費泊車服務。這樣的街市能生存也不容易，一是租金一直上漲，尤其是在街市大樓翻新之後；二是這些市集多售賣進口蔬菜，價錢昂貴，人們寧願到稍遠的街市買便宜食材。

公營街市由食物環境衛生署經營管理，轄下街市共有 80 間，其中近 30 間在香港島和離島，20 間在九龍，另外 30 間在新界。食環署預計將翻新這些街市，給沒有空調的 20 多間安裝冷氣設備。許多街市的攤檔在 2000 年以前都在路邊擺賣，現在都搬進了政府規劃的街市大樓裏。整棟大樓都有無線網路。不過街市地面依然濕滑，尤其在海產和肉類區。但街市的入口會有標識提示大家地面濕滑。

熟食檔或茶餐廳通常位於同一座大樓。人們可以在街市買好海鮮，然後帶到熟食區由食肆烹調處理。

蔬菜攤檔

我 1986 年 6 月底來香港，那時各種「瓜」正當造，比如冬瓜、苦瓜、佛手瓜、絲瓜、胡瓜、節瓜、老黃瓜等等，讓初來乍到的我看得眼花繚亂。

香港的青瓜比法國的個頭更大皮更光滑。我聽說這些瓜都富含維他命，夏天還可以降火。冬瓜湯便是去火好食材。冬瓜那麼大，後來知道可以按需要切好賣。但冬瓜因為味道寡淡，需要加料以提鮮。香港人常常以薑、乾貝、冬菇、蝦米或金華火腿入湯。

街市裏還有各種千奇百怪的豆角，有些短胖、有些細長如鞋帶。還有細長的茄子也讓我好奇，因為在法國通常買到的是矮胖的茄子。菠菜和莧菜是連根莖賣的，而且它們的根莖煮熟後很軟。法國的菠菜葉更大更厚，粗質的根莖棄而不食。香港的紅蘿蔔比法國的大很多，看着像紅菜頭，而且沒有包裝。雖然超市有賣個頭小些的進口紅蘿蔔，但依然比歐洲的大。

街市裏還有許多堆疊着的綠色蔬菜，大部分我都未見過，但很快我認識了最常見的三種：白菜、菜心和芥蘭。後兩者很

許多綠色蔬菜高高地堆疊着，大部分我都未見過

但很快我認識了最常見的三種：白菜、菜心和芥蘭

容易被混淆，但我很快發現，菜心的花是黃色，而芥蘭帶着白色花。白菜則有些像母親做過的瑞士甜菜。她把瑞士甜菜的莖用來炒，葉子則先烤過再配以白汁醬和磨碎的芝士。她也常用葉子來做奄列。

後來我可以認得更多的菜，比如油麥菜、西洋菜、通菜、莧菜、豆苗、小棠菜、潺菜、茼蒿以及韭黃。一開始我還沒注意到韭黃，之後覺得它很有趣。它生長在不見光的地方，因此顏色發白，就像歐洲常見的苦菊或白蘆筍。我還了解到韭黃可用來作春卷和餃子餡，或者切碎了拌麵或炒肉。

街市上也有新鮮紅菜頭，這和法國不同。在法國，攤販們會事先煮好紅菜頭，顧客賞後只需將其削皮切好，然後搭配焓蛋和馬鈴薯製成沙律，佐以芥末醬汁。而在香港，人們將紅菜頭連根帶葉煮湯，再加少許肉以提鮮。

在香港有些青蘿蔔、紅蘿蔔或栗子在出售時也會事先削皮，但價錢稍高。這在法國很少見，因為法國的紅蘿蔔太小，削皮之後很快便乾了。法國似乎只有南瓜在削皮之後出售，主要是因為南瓜太難削皮了。

80 年代，香港超市的蔬果種類還非常有限，只有在一些外國人聚居的區域選擇才會多些。我們那時住在薄扶林的置富花園，那裏的超市只能買到馬鈴薯、紅蘿蔔、菜心和滋味寡淡的玻璃生菜。有時可以買到紅卷心菜和苜蓿芽，我很驚訝地發現苜蓿芽就是我父母種來餵兔子的紫花苜蓿（Lucerne）。而我第一次吃苜蓿芽是在中環太子大廈的一家三文治店。

90 年代初在法國一些專賣進口食材的超市便可以買到白菜和莧菜等亞洲蔬菜。 10 年前，我的一對菜農朋友開始種植黃芽白和白菜用來出售，大受歡迎。他們之後又嘗試種植大豆，但未成功。法國人通常在塔布雷沙律（tabbouleh salad）中加一些大豆。

如今不僅在中環和東區，連在新界也能買到歐洲蔬菜，比如苦菊、洋薊、新鮮茴香，但價格都高於法國。但我寧願嘗試香港地道的食材，當然有人可能會認為因為我可以經常回歐洲，所以才覺得沒有必要在香港買進口蔬菜。我認為當溫室效應、全球變暖等現象已成問題，千里迢迢運送蔬菜實在沒有必要，多吃本地食材既環保又健康。

肉檔

　　80 年代我初來香港，那時除了赤柱和淺水灣外國人聚居的地方外，大部分的香港超市還未出售肉類，買肉只能去專門的肉舖。而法國和香港的肉舖很不一樣。以前法國肉舖都是流動經營，肉販們拉着貨車走街串巷。如今所有肉類、內臟等必須存放於攝氏 4 度以下的玻璃貨櫃中保鮮。肉販和顧客各站在玻璃貨櫃的兩旁，這樣隔着玻璃也避免了食材暴露於外而受到污染。另外，食材都規整陳列，事先也都處理乾淨。但在香港，卻是另一番景象。這裏你可以看到大塊大塊的肉被吊在金屬掛鈎上，旁邊還掛着伸着長舌的豬頭，像在對着我做鬼臉。入口門柱上掛着粉色塑膠袋，裏面裝着各種內臟或還未進行脫毛處理的豬手。在法國，出售的豬手都會先處理乾淨，也不會掛在店舖入口，即使是廉價的部位也會裝在容器中擺好，看着會清爽很多。而香港的肉舖常常讓我想起 16 世紀尼德蘭畫家彼得・阿爾岑（Peter Aertsen）或者意大利畫家安尼巴萊・卡拉奇（Annibale Caracci）所描繪肉舖的驚悚畫面。除此之外，很多食材如豬頭、豬臉（面珠登）、豬耳或內臟都直接擺

放在店裏的木質枱面上，那種氣味，尤其在夏天，讓人很不舒服。

香港的肉販並不在意食材是否擺放得賞心悅目，他們更加注重拿取是否方便。為了接更多的生意，他們會非常麻利「大刀闊斧」地切好顧客需要的部分，而宰肉的厚木砧板已滿是深深淺淺、溝壑縱橫的刀痕。棄而不用的豬下欄有時便丟落在地上，搞得地面濕漉漉的。

要說我曾經在巴黎的牛雜店舖當過幫工，習慣見到各種生肉內臟，所以不應覺得香港的肉舖會帶來太大的視覺沖擊。但有一點讓我覺得非常吃驚的是香港肉販們的「打扮」。有時會看到赤裸上身的屠夫，有些更把煙頭夾在耳廓，這在法國絕不可見。法國的屠夫們必須穿上專門的制服和鞋子，圍上圍裙，戴着如外科醫生用的乾淨的手套。你可能覺得我聳人聽聞，但你夏天到旺角的街市走一圈，就會知道我並非言過其實。

香港肉舖的屠夫們揮刀宰肉砍骨可謂是另一道獨特風景，在法國這種工作多是交給機器完成。香港的屠夫們專注於手裏的工作，對人來人往毫不在意，就連我對着他們拍照他們也無所謂。

我還記得有一次在街上看到一個給肉舖運貨的年輕人，扛着一大塊切開的豬身，就在人羣中穿梭。還有一次，在旺角奶路臣街突然一個豬頭從我身邊「經過」，嚇了我一跳。其實是運送貨物的人端着那個豬頭，只是人被豬頭擋住了。我在大埔還看到人們直接用手推車運送豬肉，本地人或許對此早已見怪

大塊大塊的肉被吊在鐵鈎上，旁邊還掛着伸出長舌的豬頭，像在對着我做鬼臉

赤裸上身的屠夫在肉檔見怪不怪，這在法國絕不可見

屠夫在肉檔揮刀宰肉砍骨

肉檔的工人以手推車運送新鮮屠宰的豬隻

不怪，但對我來說，這樣的場景絕對不可能在法國出現，因為法國對於肉類的運送和售賣有嚴格的衛生條例。

我知道很多人因為衛生的顧慮而不願意去香港街市的肉檔買肉，肉檔牆上貼着一般廁所常用的白色瓷磚，那些亂七八糟的擺放以及紅色的吊燈，都很不討好。但我倒不太在意，因此我經常去街市買肉。不過這些肉在肉檔都沒有冷藏保鮮，買回家後我會遵照媽咪的叮嚀，將肉先沖洗乾淨再汆水，這樣可以去除污漬血水以及多餘的脂肪。

最近三十年來，香港發生過一些食品安全事件。比如有段時間，出現中國內地運來檢測不合格的豬肉（不知被注射了甚麼物質，有人說這些豬肉在暗處還會發光），還發生過豬流感和禽流感。但歐洲也發生過豬流感、禽流感和瘋牛症，這也讓人們對肉類食品的選擇更加謹慎。

家禽

在香港的街市，禽類食材攤位通常會和其它食材攤位隔一段距離，這也是為了預防萬一出現禽流感所帶來的危害。在街市的入口，便有標識警示禽流感。這樣也會帶來一種心理上的不安，所以我很少去禽類攤檔。97 年禽流感爆發後，政府採取了很多安全措施，比如禁止出售大陸進口的活禽。政府還提議建立中央屠宰場，再向各個街市提供冷藏食材。但此提議從未被採納，因為中國人喜歡吃現殺的禽類，覺得冷藏食材失了鮮味。

大埔墟街市可以買到烏雞和嘉美雞，後者是由香港大學嘉道理農場在香港政府的資助下培育出來沒有添加激素、健康又美味的黃毛雞。

在香港買雞肉，你可以在現場等檔主清理好，或者半小時以後再回來拿。檔主用的是一種形似洗衣機的專門給家禽拔毛的機器。雞檔也出售內臟，比如雞肝、雞心、雞腎。中國人認為公雞的睪丸，也稱「雞子」，可以壯陽。所以在一些火鍋店的菜單上可以看到。法國人也吃雞子，他們稱之為「白腎」。

如果不是事先講好，出售的雞子都是煮至半熟。法國人喜歡將其放入酥皮餡餅（vol-au-vent）中，再配以白汁。有人還喜歡加一些雞冠（雞冠需要預訂），以增加膠質口感。雞肝、雞心、雞腎通常炒了以後放在沙律上吃。在里昂，我們還會做一種雞肝疏乎厘（soufflé）。但法國人不吃鳳爪，盡管這個名字聽起來那麼誘人。順便説一下，法國人無法接受的還有鴨舌。但我卻愛吃鳳爪，我覺得鳳爪的質地很像我小時候愛吃的小雞冠。小時候我父母便覺得我愛吃雞腦、雞脖、雞冠很奇怪。我那時當然也想不到，我還會愛吃香港酒樓的蒸鳳爪。説到雞腦，我小時候還會和姐姐一起輪流吃小塊雞腦，我們還會記下每次該輪到誰了。

有一次我在香港仔的街市，看到雞檔攤販把母雞從木籠子裏抓出來，提着雞的翅膀，然後一些年長的女顧客對着雞的臀部吹氣。我覺得很納悶，不知道她們到底想看甚麼？或者是她們想吃雞的臀部（我知道有人喜歡吃雞臀部），所以看看這隻雞是否夠肥？ 後來我才知道她們是要看雞的私處大小，如果洞小證明雞未生過蛋，還很年輕，肉應當很嫩，吹氣是為了吹開臀部周圍的雞毛以便觀察。後來在旺角街市有個賣雞的檔主告訴我，如果她的顧客想看，她可以直接扒開雞毛讓他們看，她還邊説邊向我演示了一遍。現在法國不允許在市集出售活的家禽。但在 70 年代，法國市集是有鴿子賣的。顧客選好了要買的鴿子，屠夫直接快速扭斷鴿子的脖子將其殺死。

查看雞隻是否生過蛋

在法國，我曾幫忙拔雞毛

有一點很奇怪，在香港街市的家禽區找不到雞蛋，在法國雞蛋通常是和雞肉放在一起賣。在法國的禽類攤位還可以預訂有肥肝的鵝或鴨，這種鵝和鴨都是被強制過度進食，以促成肥肝長成，以製成法國人最愛的肝醬。在春天，法國的禽類區有時也會賣小山羊肉或者兔肉。

説到兔肉，我父母便在後院養了兔子。可能有些讀者會覺得法國人為了美食對動物很殘忍。一般人覺得應該用紅蘿蔔餵兔子，但我父母卻以自己專門為兔子種植的紫苜蓿搭配燕麥，或者摻拌了煮熟的老馬鈴薯的麩皮來餵養兔子。家裏如果有剩餘的麵包，用來做法式吐司又不夠新鮮鬆軟的話，我們便用來餵兔子。我們能聽見兔子們哼哧哼哧啃麵包。我們養了一隻公兔和一隻母兔，把它們放在不同的籠子裏，但每年會讓它們待在一起兩次進行交配，母兔每年產子兩次，每次可產 8 到 10隻小兔。小兔長到 6 個月大便可以吃。我們通常將其做成芥末兔肉，這是一道經典法菜，或者用白葡萄酒來燉煮。我母親有時做兔肉肉醬，我便給她幫手。來香港後，我很吃驚發現香港人不吃兔肉，因為之前聽説中國人會吃各種走獸飛禽。

除了兔子，我父母還在後院養了母雞。但我們有時也去附近的農場買一些其他的家禽，比如春雞，鴨子等。聖誕時會買鵝或火雞。我父親買回已經宰殺的家禽，我母親負責處理。我倒不介意幫我母親處理這些食材，但我的姐姐和弟弟無法忍受。有一次附近農場的農夫太忙沒時間宰殺我們買的一隻雞，只好由我父親來操刀。之後我幫忙拔雞毛，這確實是一件苦差事。

家禽宰殺完畢放血之後，我母親會馬上用炒過蕃茜和洋蔥的鍋來炒一下家禽的血，以防止血凝塊。這是她從我的外婆那處學來的方法。香港人愛吃凝成豆腐狀的雞血或鴨血，但法國攤主卻會在新鮮的家禽血中加一些醋，防止血凝固。人們會將雞血和雞肉連同紅酒一起燉煮。做紅酒燴兔肉的時候，法國人也會加入兔血和兔肝。

魚檔

　　香港街市海產區的景象有時也會讓人覺得害怕。我看過現殺的魷魚心臟還在跳，頭還在動。還有砍下的魚頭成排擺放，魚眼突出，或者鮮血淋漓的鯪魚，成堆準備做成魚蛋的魚肉碎，這些都讓人很不安，對有些人來說，比如我兒子，這實在不忍卒睹。雖然他小時候，奶奶常在他放學後帶他到街市買他最愛吃的鯧魚，這也並未讓他對街市有好感，他現在還是喜歡去超市買東西。

　　海產區還看到活的青蛙排成一排關在籠子裏，裝在漁網中的鱉、軟殼蟹或象拔蚌，還有從中國內地、南非和澳洲運來的新鮮鮑魚，裝在大盆裏。它們還在挪動想爬出盆子。法國也有鮑魚，因為是美味珍饈，法國人稱其為「海中松露」，並將其做成鮑魚醬。我喜歡吃生蠔，但很遺憾香港養殖的生蠔並不能生吃，人們買去了殼的生蠔回家直接煮、炒或烤。現在還可以買到美國進口的大生蠔，但也去了殼，裝在塑膠罐子裏賣。

　　還有一點不同於法國，香港的海產在出售時都是活的，它們被養在加了氧氣的水缸中。每次當檔主從水缸中抓出一條

魚檔

魚，魚掙扎着想逃脱，水濺一地。到傍晚，當養在水缸裏的蝦或蟹不再鮮活，店主便把它們放在金屬盤子或者一層冰上，降價出售。

在法國的市集沒有活着的動物，魚蝦海鮮都已經處理好放在貨櫃裏的碎冰上，一些甲殼類食材比如青口已經煮好才出售。

我會用廣東話講的第一種魚是石斑魚，那是在流浮山的一家海鮮酒樓，我指着水缸點了石斑魚。現在我很喜歡到街市買新鮮魚，然後拿到街市樓上的餐館去處理，比如做成清蒸魚。我覺得這種不加過多佐料，只給少許豉油和薑蔥的烹調方法，最能保持魚的鮮美。有時買到大的魚，我們便要求一魚兩吃，魚塊切球用來炒，魚骨部分用來清蒸或以薑蔥炆煮。

來香港之前，我從未自己買過魚。里昂不靠海，我們家每週只吃一次魚，因為宗教傳統，通常在週五。我母親並非魚類專家，也不喜歡魚腥味，加之魚的價格較高，這也是我家不常吃魚的原因。買回來的魚我母親通常用來白灼或者以牛油煎，再配以檸檬汁和蕃茜碎。她也會買急凍的炸魚柳，小孩最愛吃的。

我只認識魷魚、蝦、貝類和蟹。而那些擺在金屬盤子上的各種銀色的、紅色的、黃色的魚我卻都不認識，就連法國常吃的鱈魚我也因為只吃過做好的魚柳而不知道新鮮的鱈魚長甚麼模樣。魷魚和貝類我會幾個菜式，但不懂如何烹製蟹。此外，中國人愛吃的大閘蟹我也不得其精髓。

在香港的街市買魚對我來說也是一大挑戰，我只會通過一些基本方法，比如看魚鱗色澤或眼睛的清亮程度來判斷魚是否健康新鮮。但這遠遠不夠，我不懂怎麼問魚的產地，它是海魚還是河魚，是人工養殖還是野生，某種魚骨多還是骨少，這些都是影響價格的因素。我很擔心被魚販愚弄，所以一開始的好幾年，我都不敢買魚。

香港的魚販穿着防水的長圍裙和塑膠水靴以防跌滑，但法國賣魚的地方比如市集或者流動貨櫃都是乾爽的，所以攤主不需要穿防水裝束。各種食材被擺放在碎冰上（法國的攤主有時會在冰上再墊一層錫箔紙，香港則會墊塑膠布），溫度保持在攝氏 0 到 2 度。顧客選好魚後，攤主會把魚用油紙包好，絕不會血淋淋地交給顧客。

典型的中式街市

　　在香港的街市還能看到很多東南亞貨品的攤檔，因為香港有很多來自泰國、菲律賓、印尼等東南亞國家的居民。除了東南亞食材，這裏還賣花卉、觀賞魚以及服裝等。

　　除此之外，以下提到的這些攤檔都是法國沒有的。

豆腐攤檔

　　賣豆製品的攤檔對我來說很新奇，我曾經在巴黎的唐人街見過泡在水裏的新鮮豆腐，我以為那是還未製成的芝士。香港的豆腐攤檔還有許許多多我在法國從未見過的豆製品。比如裝在籃裏的淺棕色圓角的四方塊（豆腐卜），淺黃色的腐竹或枝竹，或者以大豆製成的香腸，稱之為素雞，雖然吃起來沒有一點雞肉味。素雞可以搭配青瓜佐以大蒜豉油汁，以作前菜，或者和蘑菇及其他蔬菜一起炒。

　　來香港之前我也從未見過以麩質為食材，但香港人卻覺得這些食物口味似肉類。比如香港的生根便是以麥麩製成，看着像巨大的蠶蛹。

　　豆腐攤檔有時也賣蘑菇和其他蔬菜。我曾經在巴黎的唐人街買過罐裝草菇，如今可以在香港的街市買到新鮮草菇。不過還有一些奇特的食材，比如海蜇、新鮮海帶、各種魚丸和魚餅。

豆腐攤檔

豆腐攤檔還可以買到各種腌菜，白灼過的土魷、豬皮、豬腸、牛百葉。後四者是本地人喜愛的火鍋食材。我還很吃驚地看到有豬血賣（也有可能是雞血或鴨血），它們已經凝成了豆腐一般。本地人喜歡將其滾在熱粥裏。

雜貨舖

　　此外，街市的雜貨舖出售各種乾果仁、穀物、香料、臘腸以及罐頭食品。商販們通常事先將乾貨重量秤好，以方便顧客，但顧客也可以現場自選要買多少。還有商販自製醬料，裝在以 100 克為單位的塑膠袋裏，袋口以橡皮筋紮緊，都掛在店裏的金屬架上。這些自製醬料有時味道好過外面廠家生產的成品。我經常便在這些雜貨舖買南乳，這種帶點紅色、口感綿密的腐乳，具有因發酵而產生的濃烈甜香酒味，是本地人炆煮花生豬腳不可或缺的食材。我有時也會買白腐乳，它嚐起來有些像藍紋芝士。我還會買大豆醬、榨菜，以及用來煲湯的八爪魚和乾鴨腎。

　　還有一些雜貨攤檔也賣茶葉，以及一些非常奇怪的食材，比如乾海參、花膠以及蟲草等等。

　　一些用以煲湯的輔料已經事先包裝好，買起來非常方便。老火湯是廣東地區的一大飲食文化，這裏的人們講究文火慢燉。除了營養及藥用價值外，老火湯也暗含着家人的愛意，比如父母期待着在外工作讀書的孩子們有空回家喝一碗湯，孩子

們自然也會希望以回家喝湯來表達對父母的掛念。香港人還因應季節之轉變而選擇不同的食材煲湯。比如夏天酷熱，人們會選擇可以降火的食材。

我第一次喝中湯是在 1985 年，那時的我覺得這種棕色的汁水看着非常奇怪，湯裏的食材我幾乎沒動。法國人並不那麼看重喝湯。我的一位住在維埃納的朋友曾嘗試出售加了當地新鮮食材的西式濃湯，但因「知音」太少，她只得作罷。但她同時出售用自家生產的新鮮水果做的果醬和果汁，卻大受歡迎。法國人很喜歡用新鮮果醬抹麵包，新鮮果醬的味道好過超市賣的瓶裝果醬，但大多人卻沒耐心去熬制果醬，因此我朋友的果醬正合他們心意。

如香港這樣的雜貨舖在法國沒有，要說「雜貨」，在法國的某些市集只會看到一些攤位賣香料，或者咖啡豆、酒、新鮮手工意粉。手工意粉在法國東南和南部很流行，當地的飲食文化帶着意大利風格。

雜貨舖

雞蛋攤檔

在香港你可以在雜貨舖或者專門的雞蛋攤檔買雞蛋。商販把雞蛋放在鋪了鋸屑的柳條盤裏，或者裝在紙盒再堆成金字塔形。有的商販將蛋以 2、5、6 或 7 為單位，裝在不同大小的玻璃紙袋裏。這裏當然也賣皮蛋和鹹鴨蛋，通常以報紙包裹。

1986 年我剛來香港，在街市看到一個女人把雞蛋舉到靠近燈泡的地方查看，讓我覺得很好奇。後來知道原來她在看蛋裏是否已經有胚胎。如今人們很少這樣去檢查雞蛋是否新鮮，但雞蛋堆的上方還是有燈，如果顧客想要仔細查看也是可以的。80 年代香港的超市除了賣本地雞蛋，也賣進口雞蛋。超市裏也有燈可以給顧客檢查雞蛋是否新鮮，檢驗過後顧客可以把雞蛋拿到收銀台，店員會幫忙用報紙將雞蛋包好。

她在做甚麼？在看蛋裏是
否有胚胎

在法國雞蛋通常由專門的雞農或者芝士攤主出售。雞農
們將走地雞生產的蛋稱為「快樂的蛋」。法國人不吃鴨蛋，當
然在法國也看不到鹹鴨蛋或者皮蛋。法國的雞蛋以每 36 個為
單位放在一個托盤上，托盤可以重疊堆積。人們買雞蛋通常以
一打或半打為單位。顧客們會自帶專門的容器來買雞蛋，以免
半路上雞蛋碎成一灘。我媽媽有時便會帶一個藍色的膠盒去買
蛋。但其實我家很少專門去買蛋，因為我祖母家養了 6 隻母
雞，都可以生蛋。我奶奶家離我家只有 50 米，所以想吃雞蛋
非常方便。只是有時母雞生的蛋不夠（特別是當家裏有客人我
們要準備糕點時），我母親才會去市集買蛋。

小時候每到暑假，我和姐姐弟弟便會輪流到奶奶家用剩菜剩飯餵雞，有時候在雞糧中還得加小麥。我父親的朋友送了我們一隻小公雞和一隻小母雞。這隻小公雞個頭雖小，但很好鬥。那隻小母雞會生很多口感鮮嫩的小雞蛋，但她很狡猾，常常溜出雞籠躲在草叢中生蛋，於是我們便很難找到這些蛋。如果我們不儘快找到她生蛋的地方，這些蛋可能全部都會壞掉。有一年冬天，我們看見她蹲在一堆灌木叢裏，身下壓着她生的蛋。那時天在卜雪，而灌木叢沒有任何抵禦寒風的地方。

可自由隨意走動的走地雞所生產的蛋，法國人稱之為
「快樂的蛋」——法式幽默！

小時候媽媽會帶一個藍色的膠盒去買蛋

　　大約 5 年前，法國興起了天台菜園，有人同時發起「養雞很酷」運動（法語裏「母雞」和「酷」押韻）。法國的市政局鼓勵住在城市的人們在自家後院用廚餘養雞，以減少浪費，因為母雞不貴而且不需要太多的空間。加上雞吃害蟲，這樣一來還能減少農藥的使用。

我家的小公雞勇猛好鬥，獨立雞群

急凍食品區

　　在香港，當溫度低於攝氏 15 度已經算很冷，這時本地人便開始吃火鍋。各種麵食、餃子和切好的急凍肉類都是本地人喜愛的火鍋食材，這些攤檔前每到這時也能見到一道長長的排隊人龍。火鍋之意除了吃，還是一次熱鬧的聚會。大家圍坐，邊聊天邊煮菜，而且吃火鍋不需要甚麼繁復的準備工作，很是方便。港式火鍋比起法式火鍋要清淡一些。法國人愛吃兩種火鍋，一種稱之為「油鍋」（Bourguignonne fondue），也是大家圍坐將各種肉類叉在金屬長簽上浸到植物油鍋裏快速炸熟；另一種是芝士鍋（Savoyard fondue），即將小塊麵包裹上鍋中融化的芝士吃。

　　急凍攤檔還會出售魚丸、牛丸以及腌製好的各種肉類。這些食材放在開放的冰櫃裏，人們可以用鉗子自選需要的食材，裝在事先墊好了塑膠袋的塑膠籃裏。選好之後顧客們拿着塑膠籃去付款，收銀員很敏捷地把袋子拿出紮好。這樣那個塑膠籃又可以繼續使用。這也是香港人的高效之一。在酷暑退去的秋季，香港人喜歡外出燒烤，這些腌好的肉類便是燒烤的主

要食材。

　　法國的市集沒有急凍肉類攤位。另外我也很吃驚看到香港人用普通的塑膠袋而不是專門的隔熱袋來裝急凍食物。

草藥

　　在香港，不僅是年長的人，年輕人也篤信藥草茶湯的優良功效。有些巧舌如簧的商販也借勢宣揚林林總總的藥草茶湯，及其諸如美顏之類的神奇功效。

　　根據中醫的理論，人體在不同時節有不同需要，因此人們應當以此為據進行食補。比如中國人會根據「上火」或「着涼」來決定食材。有些食材可以清肝、有些補腎、有些健脾。法國雖然沒有這麼繁復的理論，但我的奶奶一輩或者父母輩的人，也會相信某些藥草如甘菊、薄荷、百里香等等具有某些療效。

　　在旺角或大埔的一些街市，你也可以看見一些專賣藥草的攤位，這裏有蘆薈、白欖、芭蕉花，還有一些我叫不出名字的藥材。有一次我買了油甘子，商販告訴我它們利於清熱化痰，我遵照他的説法用其泡茶，卻覺得酸澀難以入口。還有一次我買了白欖，也受不了那種味道。我能接受的是咸柑橘。

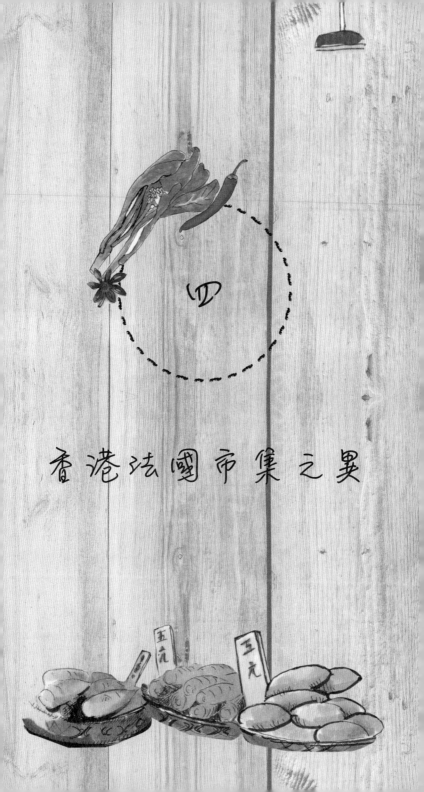

四

香港法國市集之異

肉類

　　豬肉和牛肉在香港的街市上是分開出售的，而且牛肉攤檔並不出售在法國很常見的肉醬 (terrines) 和汆過水的牛百葉。而在法國，豬牛肉通常在同一個攤位。牛肉攤除了賣生牛肉，也賣熟牛肉或者如肉醬（terrines）、熟肉抹醬（rillettes，即將腌過的瘦肉在脂肪油中慢燉）、香腸（有些灌以內臟），以及肉串等肉類製品。有些肉舖還賣家禽和兔肉。

　　香港的肉檔攤販或屠夫大多師從父母，然後接下父輩的攤子，而在法國屠夫們必須接受專業培訓，經過考核才具有開店資格，因此法國擁有全世界技藝最高的「解牛庖丁」。不過香港的庖丁們雖然沒有經過甚麼專業考核，但經驗豐富，下刀不僅遊刃有餘，還知道如何去除多餘脂肪，或是如何用火槍燒掉肉上殘留的皮毛。而且他們還深諳各類食譜，時常推薦給顧客。只是他們追求高效，不願細講以免誤了生意。而且你有甚麼特別之需，你得主動告訴他們。我有一次要做紅蘿蔔紅酒燴面珠登，因為忘記告訴屠夫把肉去骨，回家麻煩大了。同樣，如果買鮑魚沒有讓商販去殼取肉，也只有自己承擔繁瑣的清理

工作。

香港的牛肉攤檔也賣大陸運來的黃牛肉，這種肉顏色較深，口感比之法國常見品種夏洛萊牛肉（Charolaise，一種白色牛）和利穆贊牛肉（Limousine，一種棕色牛）要硬很多。在法國，在超市可以買到質地更軟的牛肉，它們多來自澳洲、加拿大或巴西。

法國的牛肉攤檔也出售小牛肉和羊肉，並細分了用來燉煮和燒烤的部分。你還可以看到牛仔膝、小牛肝、小牛腦及小牛「白腎」（牛睪丸的雅稱）等。小牛腦曾經被視為珍饈，深受里昂上流社會的老饕們青睞。香煎牛腦便是一道傳統名菜。我小時候母親有時會做牛腦，並告訴我們幾個小孩子吃腦補腦。這和中國人所說的吃哪補哪不謀而合了。雖然這沒甚麼科學依據，但我本來就喜歡吃質地軟爛且有堅果香味的牛腦，也就不需要甚麼「養生說」來包裝它。法國人還告訴小孩多吃紅蘿蔔可以擁有粉色美腿或可人容貌，就像香港人告訴小孩多吃牛腱可當運動健兒，其實小孩哪管這麼多啊！我記得媽咪在我懷孕時告誡我遠離咖啡和豉油，不然我的小孩就會皮膚黝黑，顯然這也沒有任何科學依據。

在香港，豬肉攤檔數量多於牛肉攤檔。有些豬肉攤檔賣一種本地培育的良品黑豬肉，很遠就可以看到他們店門口宣傳畫上的黑蹄豬腳和有黑色鬃毛的豬頭。

對了，法國人還吃馬肉，但我從未嘗試，雖然據稱馬肉營養價值很高，但其實吃馬肉在法國也頗受爭議。因此市場上的

馬肉攤販數量很少。

在法國一些穆斯林聚居地的市集,比如維埃納的市集,人們通常可以在清真攤位買到山羊肉。這些攤位的攤主多是北非移民。在香港,幾乎沒有專門出售清真食材的攤檔。

我的法國朋友的父親 70 年代曾在法國的市集賣過小公山羊。他也飼養母山羊,取其羊奶做芝士,公山羊便拿到市場賣,但買主須知怎麼屠宰。如今市場上已不會賣活的山羊,在一些雞肉攤位可以買到羔羊肉。

法國的羊農以前也在市場上出售活的綿羊,買主主要是穆斯林家庭,他們喜歡烤全羊來慶祝開齋。通常宰殺的工作由買主在家裏進行。如今,法國有專門的屠宰中心,且可以根據顧客的宗教需求來屠宰。

營業時間

在香港無論是室內還是室外的街市都是早上 7 點開門晚上 8 點收檔，每天營業時間長達 13 小時，有時一週七天都營業。這也是香港社會繁忙的體現。

而在法國，露天市集一週只會營業半天，另有些市集除了週一，其他日子每天開放，但也只從早上 7 點到下午 1 點營業。有一些價格較高的市集（更像是購物中心）則是除週一外全週開放。

貨品價錢標籤

香港的街市被稱作濕貨街市，所以不奇怪為甚麼很多價錢標籤用的是防水發泡膠，比如在魚檔可以看到這些發泡膠價錢標籤漂浮在養着海產的桶中。

在法國，商品的價籤上不只有價格，而且有詳細的商品信息，比如名稱、產地、所屬科目以及大小。這些信息通常是在紙質或者塑膠標牌上，有時也寫在一塊小黑板上。這些標牌還時常故意模仿法國小學生的畫線記事簿風格。我最喜歡的是肉攤上畫着動物的標牌。

誰會逛街市

在香港，人們知道街市價廉物美，但他們也只是為買而買，不會專門去街市閒逛一圈。因此在香港街市，顧客大多是中老年男女或是主婦，很少看到小孩和年輕人。職業女性寧願去私人經營的室內街市，這種街市類似超市，環境較街市乾淨，且有冷氣。當然，東西肯定比傳統街市要貴。

很多人不願去街市主要是覺得那裏不衛生，我認識的很多本地人聽到我去街市都很吃驚，一開始我以為他們只是開玩笑，後來才知道他們確實不去街市。他們最多去去超市，而且很多時候買菜的任務都交給家裏的外傭來做。不過想想一身西裝革履確實很難逛滿地是水的濕貨市場。

有些人則是受不了街市裏的肉腥魚腥，以及現場殺魚的血腥。

法國的市集則真是可以「逛」的，週末逛市集還是人們為過去的一週畫上句號的「儀式」。大部分市集在週六上午開放，一週勞頓之後，週六上午便可以和家人輕鬆一下，父母也會帶着孩子一起，買點鮮貨，或者和「偶遇」的熟人聊聊

天，喝杯咖啡。相比逛超市，在法國逛市集要愜意許多，當然雨天或酷暑除外。市集的東西因為更新鮮，通常比超市還貴，但有時也可以討價還價。

有些米芝蓮星級名廚常常到市集去尋找烹調新菜式的靈感，比如維埃納知名餐廳 La Pyramide 的主廚 Patrick Henriroux，便去維埃納的週末市集我朋友的攤位購買蔬菜水果。La Pyramide 餐廳的前任老闆便是知名廚神 Ferdinand Point，他就是現代法國菜之父。

貨品陳列

香港街市給我的第一印象就是貨物堆得滿滿當當，加上檔主們一天中絕大部分的時間都在這裏，他們都把自己的電飯煲、保溫杯、雨傘等和商品擠放在一起，因為檔位沒有別人照看，檔主們只得寸步不離。每次我午後到常去的菜檔，都會隔着一排排芥蘭，看見女檔主坐在一個矮凳上吃飯，每天也只有這時段顧客沒有那麼多，她得以忙裏偷閒吃頓飯。

香港街市給我的印象就是貨物堆疊得高高滿滿，舖內每一寸空間都被利用

香港並不那麼講究貨品的擺放，法國人在這一方面要精細很多。比如花農會把待售的植物放在充滿田園氣息的木桌上，也盡量讓每樣植物都有「曝光率」。有些攤主會用和攤位整體色調相襯的桌布搭配放貨品的桌子。賣蜂蜜和堅果的攤主則喜歡用紅白相間的格子桌布，或者是易於清潔的蠟布。

法國的攤主則喜歡將貨品分散平放在桌上

貨攤

香港街市的攤檔有三種，小的立方攤檔、小商舖和大商舖。比如嘉咸街街市的許多攤檔就是一個個立方體的間隔，為了安全考量，所有攤檔大小均等，且塗上亮綠、亮橘或亮黃的油漆。攤檔之間有太陽傘或防水雨棚，以防止上方建築滴落的冷氣水或是住戶晾衣桿上的衣物落到攤檔。攤檔本身也有向外延伸至街道中央的雨棚，這樣不僅讓攤檔看起來更大，雨棚的金屬框架還可以用來懸掛貨品。這些延伸的雨棚將街道變成了密封的走道，但在夏天，因為不透風，這裏感覺如火爐般悶熱難耐。

小商舖多位於一些舊建築內，大部分由家庭經營。商販站在店內，待售的菜蔬放在他們面前的折疊桌上，有時桌子都擺在店外的行人區。到了高峰時期，店裏還會有一些幫工直接站在行人區上忙前忙後。這樣的小商舖給我印象最深的是在白色日光燈照耀下已剝落至看不出本來顏色的牆。牆上貼滿了記事貼，上面似乎還寫了很多電話號碼，我猜那可能是供貨商的聯系方式。夜晚打烊時，商販則拉下金屬卷閘門。

有的大商舖是連鎖店，店裏會請僱員。顧客可以「走進」店舖，而不是僅僅在店外告訴商販要買甚麼。但是這些商舖看着像堆積如山的倉庫，沒有門也沒有任何室內裝飾。有一些倒是有些裝飾，比如灣仔有一家的牆上一直到天花板都佈滿了假植物。

　　■ 在法國市集也有三種貨攤：賣植物花卉的攤位，貨物一般直接擺在木桌上的。大篷車攤位，其裝飾很是吸引人。室內店舖則看着更像是奢侈品店。

時間

🏵 香港人通常不會在街市花太多時間，也沒有耐心排隊。

🇫🇷 相反，法國人既不介意排隊，也不介意前面顧客和攤主聊上一會。顧客通常會細問食材的產地，以及植物生長的環境，還會問到諸如何時為採摘新鮮馬鈴薯的最佳時機，蕃茄的成熟期，或是甚麼時候有最新鮮的豆子上市等細節。

活的動物

🏵 香港的街市可以買到活的青蛙、海鮮和家禽。

🇫🇷 法國現在已經不允許在市集出售活的動物。如果你看到哪個攤位有活的動物，這也只是用作展示來吸引顧客，不是用來宰殺。比如在法國東部安省（Ain department）沙拉龍恩河畔沙蒂利翁（Châtillon-sur-Chalaronne）的市集，有一位手搖風琴藝人，他身旁便有幾隻婆羅門雞伴着樂曲「起舞」，就是為了招攬顧客。婆羅門雞是一種大型雞種，一隻公雞重達 5.5 公斤，母雞大概 4.5 公斤。

熟食

早年香港的街市售賣熟食的攤檔不多。有些街市裏面有燒味店，以前街市外有賣咖喱魚蛋等小吃的小販。現今有一些室內街市也有熟食大排檔。

法國市集有越來越多賣熟食的攤販，很多魚攤和肉攤也供應各種熟食。有些室內市集還有一些小酒館風格的餐廳。

試吃

香港的街市攤檔因為多賣未經煮熟的生鮮產品，自然不會提供試吃。雖然有些街市有燒味店，但也不流行試吃。我猜想這是因為本地顧客都熟知這些燒味，所以沒有必要在買之前試味。

法國的市集人們可以品嚐各式橄欖、芝士、麵包、蛋糕等當地特產。比如芝士種類繁多，成熟年份不一，就算是同一批產品，可能味道也會有差別，所以只有事先嚐嚐才知道合不合口味，而商販也歡迎試吃，以此吸引更多的顧客。

衛生狀況

　　 之前提過，香港街市的地面濕滑，尤其是肉檔和魚檔周圍。室外街市多排在狹窄街道的兩旁，上方是密集的住宅區，常常會有冷氣機出水滴在路面。室內市集稍乾淨一些，也裝有冷氣，但依然散不去魚肉的腥味。自 2003「沙士」之後，隸屬食物環境衛生署的街市，每月必須進行一次徹底清潔。

　　 法國的市集多位於市中心的市政廣場，無論是室內還是室外，地面都是乾的（當然除了下雨天）。

秤

在香港，只有在顧客抱怨商舖有「欺詐」行為時，食環署才派員到場為涉事的機械秤或電子秤進行檢測，如果證實商販有缺斤少兩的行為，商販將面臨港幣 1000 元的罰款。現今有些魚檔和肉檔也會使用電子秤，我很喜歡這種一目了然的方式。

在法國，自九十年代中期電子秤便取代了機械秤。每年這些計重設備都需要經過專門機構檢測，通過檢測的設備會被貼上一張綠色標籤。「呃秤」的攤主不僅要面臨 450 歐元的罰款，還有可能被勒令停售。

付款方式

🏵 自 2017 年 10 月，香港觀塘寶達街市的 43 間店舖開始採用電子付款模式，顧客們可以用手機掃描店舖的二維碼進行支付。但我發現並沒有太多的顧客使用電子付款。逛街市的大多是有些年紀的人，雖然他們都有智能手機，但他們不一定能接受電子付款這種時尚的模式。不過我覺得或許用不了多久，人們便會慢慢接受了。

如果用現金支付，很多店舖如今不收 1 角（毫）、2 角（毫）和 5 角（毫）的硬幣。一是因為這些零碎小錢數起來麻煩，二是店主拿硬幣到銀行換紙幣，銀行還要收港幣兩元的手續費。這讓我覺得很不合理，既然紙幣硬幣都是香港的法定貨幣，為甚麼兌換還要收手續費呢？

在街市你可以看到店主們把錢裝在一個塑膠桶裏，吊在類似滑輪的裝置上。收錢找錢時可以把桶拉下來。香港人不太使用支票，我從未在香港的任何店舖以支票進行支付，尤其是在街市。街市也不會提供發票，只有在一些售賣稍貴食材的店舖，比如生鮮肉店，他們才有收銀機可以打印出發票。在小攤

檔，如果顧客指明需要發票，檔主會在印製的發票上填上數額，或者乾脆找張白紙寫上金額，再蓋上該店的印章。

　　■ ■ 在法國不要帶大面額紙幣到市集。如果你是常客，那麼在進行超過 10 歐元的付款時，小面額的硬幣以及個人支票都是可接受的。商販會用一個帶有錢包的腰帶或者收銀機來存放錢款。他們在繁忙勞累的上午結束後，包裝未售出的貨物和收起折疊桌時，需要非常小心，決不能讓視線離開收銀機。雖然每筆買賣的價錢不高，但在一天結束時，也可以是一筆可觀的數額。

　　大多數攤位都會給顧客收據。

價錢

🏵 和法國不同，香港街市的貨物通常比超市便宜。

🇫🇷 在法國，市集上的當地新鮮特產往往比超市更貴，但顧客們清楚知道食材的產地，因此也不介意價錢。如果大量購買，一些蔬果攤販可以打折。如果只買一點，單價自然昂貴一些。

租金

在香港人們並不知道向食物環境衛生署租賃一個街市攤位的月租是多少。攤位是通過競投獲得，加之租金也因區域而不同，市區的租金自然高於郊區，同一個街市靠近出入口的攤位會貴於街市中央的。《南華早報》在 2018 年 9 月曾報道過香港街市攤位的租金低於市值租金，得益者自然是消費者。

法國有名的市集則是通過抽簽的方式來決定誰獲得攤位使用權，抽中的攤主可以在一個固定時期在固定地點擺攤。在這固定時期內，如果有攤位閒置，其他攤主可以短暫租用，但要支付稍高的租金。在巴黎，一個較好地段的攤位日租是每米 4.05 歐元，而維埃納只有 1.5 歐元，而在法國的海外省份留尼汪島（Reunion），據說攤位租金比法國本國還高。

講價

香港街市可以討價還價，但不一定有效。很多時候，顧客也懶得花功夫去講價錢，但菜檔檔主通常會送幾根青蔥。

法國則不流行討價還價，有時候有些攤主會免掉幾分的零頭收個整數，有些則是在打烊之前送上幾個水果、幾根蔬菜，當然這些蔬果看着已不怎樣新鮮了。

容器

在香港，蔬果被放在發泡膠箱子、絲網圓籃、紅色膠篩，或者竹籃裏。

在法國，蔬果從前是放在白色的金屬盆裏，現在則放在深綠或紅色的塑膠盆裏，這種塑膠盆透氣和排水更好。從前常見的那種 4 英尺左右長的木籃依然在使用，但現在人們更常用塑膠容器。

檔主

香港街市的店名為了看來醒目通常用紅色漢字寫，且名字均有吉祥如意、生意興隆之意。

在法國攤主們除了店名，還會在防水油布上寫上其地址、聯繫電話等實用信息。有時在他們的運貨車上還會看到他們將店名嵌在押韻的廣告語裏，比如「Chez Pascal on se régale（柏斯卡，味道頂呱呱）」。

燈光和冷氣

香港讓我印象最深刻的是肉檔的燈光。因為多用白熾燈配紅色燈罩，這樣射下的紅光讓食物看起來色澤更紅潤新鮮，但有時光線過強，肉呈現出有些奇怪的粉紅色。但現在，LED 燈已經取代了從前那種白熾燈，也很少見到紅色燈罩了。

在香港，政府經營的街市大約有四分之一在老舊的建築裏，因此沒有冷氣。香港的夏天尤為悶熱潮濕，為了給食物保鮮，商販只能一直開着風扇。

法國因為氣候本來乾冷，不僅不需要冷氣，風扇也很少用到。法國的冬天普遍寒冷，但有些城市，比如維埃納，禁止在市集中使用電熱系統，因為加熱系統耗電量大，很容易造成短路。因此商販多自攜手提式暖氣機，但所謂手提，其實也很笨重，所以這麼做的商販為數不多。商販就連燈都很少用，因為擔心耗電過多而沒法用電子秤，而且戶外市集也很難找到地方懸掛吊燈，如果要使用電燈，只能將它們掛在攤位罩棚的桿上。

天氣

香港如果遇到颱風，食材自會漲價。

法國的攤主們則希望天氣和暖，這樣顧客會增多。並且天氣太冷蔬菜都會受凍，比如馬鈴薯到零下五度就會凍傷，因此天寒地凍之時菜價會上漲。

行為舉止　觸碰食材

🏵 對我來說在香港街市買蔬果比買肉簡單，你只需要將蔬果選好放在塑膠籃子並遞給檔主秤重即可，無需和檔主有甚麼交流。和法國不同，在香港人們可以邊摸邊挑選蔬果。在法國有時顧客會問可不可以觸碰蔬果，但攤主的回答一般都是否定的。我看到香港的顧客們買肉時也會用手去戳戳，看看肉質是否新鮮有彈性。

🇫🇷 這在法國不可能出現，在法國我在超市看到有顧客去嗅聞事先用保鮮紙包好出售的肉，但在市集不會有人用手去戳生肉。在香港的魚檔有時顧客要自己去水缸中撈魚，然後拿給商販稱重。水缸旁的牆上通常會有毛巾給顧客擦手。

法國攤主不喜歡顧客觸碰蔬果

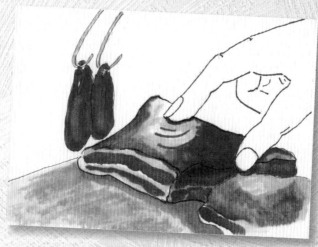

香港肉檔的顧客買肉時會用手戳戳豬腩肉，看看是否新鮮

禮節

香港人講究效率，買賣雙方也就簡單交流兩言三語。

法國人逛市集則慢慢悠悠，悠閒中自然禮數到位。買賣雙方會先相互問好，顧客選好後攤主還要再確認是否還需要其他的。而香港人通常會省略寒暄和道謝部分，以求效率。

耐心

因為在法國攤主和顧客喜歡從容地聊談，因此排在後面的顧客需要有耐心。顧客也可以給攤主遞個眼神，攤主便知道顧客有購買的意思了。一開始到香港，我都是站在攤檔前等檔主來問我。但我發現顧客們都很急，比我後來的卻直接到我前面跟檔主說買這買那，或者把選好的蔬菜直接遞給檔主稱重算錢。我記得我第一次到香港街市的肉檔，前面已經有顧客，但也不知道誰先誰後，也看不出他們是否在排隊，我只好站在我認為最後到的那個人後面。突然，一個女人插隊到我前面，直接給檔主說要一塊肉，我馬上也對檔主說我要 10 元的肉，好讓那個女人知道她插隊了。但檔主似乎無所謂，就直接先給那個女人她要的肉了。當時我很生氣但又不敢說甚麼。正當檔主把那個女人要的肉砍成小塊時，又來一個男人站到我前面，很大聲地問一些甚麼。檔主把肉裝進塑膠袋遞給那個女人，轉頭去清洗另一塊肉並把它們切碎，這也不是我要的，也就是說他又去服務其他人了！最終，他有時間來搭理我了，而這已是我第三次跟他說「我要 10 元的肉」。

前面站著顧客，看不出他們是否在排隊，我只好站在最後輪候

法國有時也有插隊的人，但通常其他顧客會馬上有禮貌但很大聲的指出插隊不對，這也讓插隊的人無地自容。一開始在香港買肉我都是戰戰兢兢，生怕別人聽不懂我的廣東話。很多年後我才學會，想不被插隊，輪到我時聲音得夠大，還要站得離檔主夠近。

1 catty of pork ribs

突然一個女人插隊到我前面，直接給檔主說要一塊肉，毫無尷尬之意！

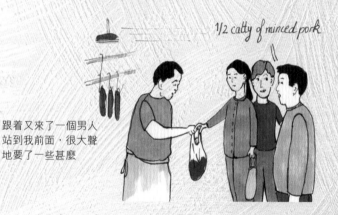

½ catty of minced pork

跟着又來了一個男人站到我前面，很大聲地要了一些甚麼

$10 of lean pork

被插隊兩次後，我汲取了教訓，便趕快大聲給檔主說我要 10 蚊肉

自備購物袋

在法國，顧客們通常自攜購物袋。如果買來的東西不需要特別包裝（比如生肉會先用隔水的油紙包好，再放進袋子），攤主則將其直接放在顧客的購物袋裏。從 2017 年 1 月起，一次性塑膠袋不再使用，取而代之的是質量更好且可以重複使用的袋子。

其實在免費塑膠袋出現的很早之前，法國人就自攜購物袋了。比如我母親就一直用一個黑色油布做的手提袋或是在六七十年代很流行的網袋。這種網袋很輕便，但缺點是太小的東西會從網眼漏出來。我還記得我小時候，母親會用一個柳條籃子裝東西，那時候里昂似乎家家都有這種柳條籃。後來這種太硬的籃子被棕櫚籃子代替，手柄也換成了皮質的。雖然現在也能見到這種漂亮的手工籃子，但更多的人還是使用購物袋。還有「嬤嬤的購物車」（一種有四個輪子可以推拉的購物車）竟然復甦了，很受一些年輕人青睞，但你得小心它們，如果推車的人使用不當，輪子便會壓到你的腳，很痛的啊！

🌸 我還記得當年香港的檔主就用「鹹水草」捆紮蔬菜，或者用報紙包裹，為了環保我們如今是否有必要採用從前的方式？

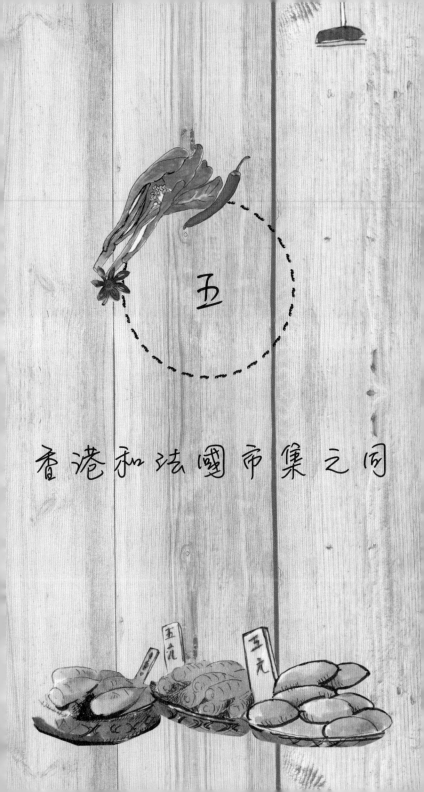

五

香港和法國市集之同

傳統

　　在法國，逛市集已經是傳統的一部分。人們喜歡光顧固定的攤販，而這些攤販之上的三四代父祖輩便在同一個市集做買賣。攤販熟知顧客的名字，而攤販的孩子們如果年齡夠大，在假期也會來幫忙。香港的街市也是由來已久，只是如今街市對年輕人來說失去了吸引力，因為大部分年輕人更喜歡逛超市。但其實我自己覺得街市比超市的選擇更多，而且大部分食材也新鮮，此外，很多街市就在地鐵站出口，很方便。

喧鬧和挑逗

　　法國和香港，人們都可以在市集自由聊天，不必擔心聲音太大吵到別人。因為市集本來就是熱鬧的社交場所，來自各階層各族羣的人們在這裏匯集，大家都可以在這裏不拘小節地交流。

　　我曾在巴黎的市集打工，得以窺見法國市集的另一面。當時我賣牛肉和牛雜，因為可以和顧客們聊天我很開心。我的老闆娘常會給熟客其「白汁蘑菇」食譜。有些隨父母來逛的小孩看到牛腦、牛腩會覺得好奇或覺得可怕。我們通常在上午顧客不是很多的時候稍作休息，這時我可以享用老闆娘在隔壁麵包店買的熱暖暖的牛角包。冬天我則會去附近的咖啡店買一杯意式濃縮咖啡。但休息的時間不長，我得趕緊回店照看生意。

　　法國市集的攤販，尤其是蔬果販，喜歡大聲吆喝吸引顧客，他們會喊着類似「走過路過不要錯過」的口號，有的還會給顧客講講笑話來博取青睞，有些則會吆喝他們的價錢最劃算。有些顧客，通常是男性，喜歡聽些「有味」笑話，比如有些攤販會吆喝「餃子買得棒，夜裏夠你狂」（法語裏「意式餃

子」ravioles 的發音和「瘋狂」folles 押韻）。有些攤販也懂得把顧客叫得年輕以取悅他們，比如稱他們「小淑女」或「小伙子」。但也能聽見一些老派的攤販稱女性顧客為「美女吉曼尼」（beautiful Germaine）。吉曼尼是 19 世紀在法國很常見的女性名字。還有些攤主會吆喝「如果你發現別處賣得比我便宜，那我就送你一吻。」

香港一些攤販有時喜歡搭訕年輕女顧客，稱她們為「靚女」。一些街市為了吸引顧客，用擴音器放很大聲的叫賣，這種感覺就像是在某個促銷會上，賣家舉着麥克風對着面前的一大堆聽眾推廣怎麼使用某個廚房用具。擴音器裏放着「街坊街坊，本店今日促銷，10 蚊四紮，10 蚊四紮。」

法國的攤主喜歡叫喊口號來吸引客人，例如：「如果你發現別處賣的比我便宜，那我就送你一吻」

在香港有些攤販也喜歡和顧客逗樂。我聽過一個笑話，一個不常逛街市的香港男士路過魚檔，看見一塊幾乎和盤子一樣大的魚肝，想知道它有多重。他其實並不想買，只是因為好奇想知道。魚販説我如果知道這有多重我還要秤做甚麼。這時這個顧客才反應過來，真正要買的人不會問多重，而只會問價錢。

假期

在法國和香港，檔主都很少休長假。我剛來香港，以為街市的檔主從不放假，但在一個特殊的時日發現了這個分秒忙碌的城市的另一面。

那是 1987 年，我在香港過第一個農曆新年，我記得除夕那天，我丈夫仁促我早點回家，我們便可以去街市購置年貨。我下午 4 點回到家，心想有足夠的時間逛街市，因為攤檔通常 7 點打烊。但當我們到街市時，卻看到檔主們都忙着收檔，食材均已售罄。仁看着我很嚴肅的說：「我說過我們應當早點來的」。我當時很內疚，卻於事無補。我那時剛來香港 6 個多月，在這期間從未見過街市這麼早關門。那天這個城市變得出奇安靜，就像是法國的 8 月暑期，所有人都外出度假，想買塊麵包都很難。我們只好衝到超市，就算只剩些被人挑剩的食材，但有勝於無。

不過好運的是，我發現在農曆新年長假期間，我們並不需要怎麼下廚，都是去仁的親戚家拜年並在那裏吃飯。新年的菜式講究菜名吉祥，比如「香菇生菜」，取「生菜」音同「生財」。

我們也吃各種糖果堅果。我還第一次吃到了年糕以及蘿蔔糕。蘿蔔糕不是一種蛋糕，而是蘿蔔混着中式臘腸和蝦米同蒸而成。很多香港人精於製作蘿蔔糕，他們在農曆新年前會以此贈送親友，難怪我在新年前看到街市售賣大量蘿蔔。我一吃便愛上了蘿蔔糕，但卻是在 20 年後才學會怎麼做蘿蔔糕。

我們急趕去薄扶林村街市，但檔主們已在忙着收檔

仁不悅，我很內疚，但為時已晚

跟着我們又急趕去置富花園的超市，但貨架上的食物已所剩無幾

於是我終於瞭解到農曆新年是如此重要的一個節日，街市攤檔會停工至少四五天！我難以相信突然之間我們好幾天都無法購買新鮮食材。在過去甚至超市都不會營業。但這也是合理的，因為人們幾天不購物也沒有問題，他們在慶祝節日期間的食物非常多，還可能會有剩餘。但現在很多攤檔已經不會關閉如此之久，甚至會在年初二就開始營業。

　　在法國，僱員每年有 5 週的有薪假期，大部分人都選擇在 8 月休假，這也包括市集攤主。蔬果販子通常休假更長，因為他們只負責販賣蔬果，不管種植。不過他們也會擔心，如果他們休假太長，就會造成客源流失。而兼做菜農果農的攤主們，在 8 月卻得收割蔬果，這些人通常便只休息幾天。

欺 客

在法國和香港的市集，檔主大多將本該「四捨」的重量「五入」，顧客通常也不計較。但有些檔主的欺客行為便不可接受，這樣的檔主通常是做完一單生意便走人，不在乎回頭客。比如有些人趁顧客不留意時故意壓秤讓貨物顯得更重。在法國，你得當心一些售賣當季食材的商家，比如秋天賣野生蘑菇的一些商家，他們反正賣完幾天的貨物就走人，因此常常也會以壓秤的伎倆來欺詐顧客。還有一些商家欺騙顧客說他們的食材是本地的，尤其是一些價格不低的食材，比如橄欖油、蜂蜜或者自製即食冷肉，但其實是他們從別處以更低價格購來。

有些檔主趁顧客不留意時故意壓秤讓貨物顯得更重

收市打折

在法國和香港，商販們都會在打烊之前將剩餘食材打折售賣，當然食材的質素也有折減。但法國也有很多商家不願這麼做，他們擔心顧客一旦發現食材質素不佳便不會再光顧，他們於是只出售質素尚好的小部分。在香港，似乎顧客覺得以便宜價格買質素不佳的食材沒有甚麼問題。

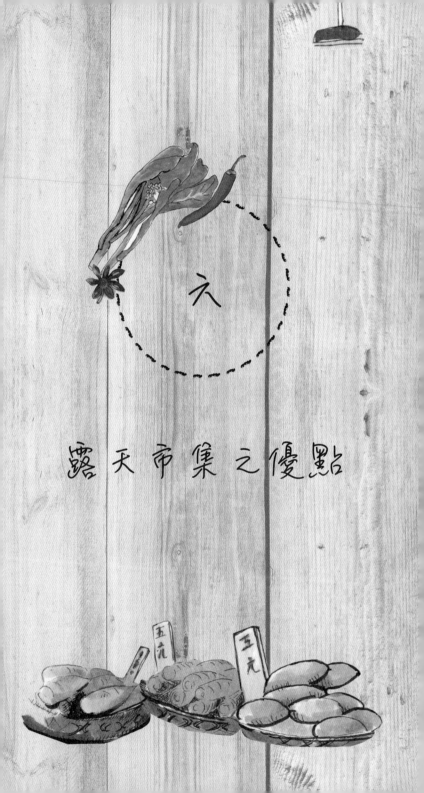

六

露天市集之優點

食物質素

我有一次在香港的超市買生菜，因為是包好的，事先沒法查看裏面的菜葉是否新鮮。回家才發現，有些菜葉都腐爛了，於是只好扔了差不多一半，卻又不知向誰投訴。街市反而會很注重質素，因為檔主們希望贏得更多回頭客，大家都懂得，得人心難，失去卻很容易。

在法國，本地食材即當地的時令食材，很多法國人認為直接向農民購買本地食材更健康，也更環保。很多本地農民都採用生態肥料並利用天然能源種植。2016 年，只有大約 10% 的農場生產有機食材，不到一年後這個比例上升到 13.7%，有機農場佔法國農場總數的 8.3%（來源：Agence Bio）。

除此之外，常在市集買菜的人們更傾向於自己下廚，因此更健康。

就地取材

　　在法國，當地農民或是直接將自家的產品拿到市集售賣，或者先出售給供銷點。超市的食材有的來自法國，有的進口，顧客們很難知道作為原材料的這些動植物生長的環境。而在市集上，人們可以直接見到「生產商」，也就是農民，因此對食材的背景有更多了解。人們也更願意支持售賣本地食材的農民們。在法國吃到的蔬果超過一半以上是本國種植的。有些規模很小的農場自家種植了甚麼，便到市集售賣甚麼，有時售賣的只是幾筐沙律菜或蘋果。

　　在傳統的法國市集，農民數量多過蔬果販子。後者售賣的通常是從摩洛哥、西班牙或者中歐進口的食材，因為這些國家經濟不景氣，因此蔬果販子可以以低價進口再賺取差價。法國人雖然不喜歡這些中介商販，但有時還是會因為價格低廉而從他們那裏購物。

　　在香港，本地農民會把收獲的食材賣給批發商，因此在街市看到的蔬菜攤檔實際上很多是由批發商經營，還有一大部分食材是從中國內地進口。只有一小部分種植有機作物的農民會

直接出售給消費者。有時在大埔墟市集外面或者新界火車站，會看到一些上了年紀的攤販售賣一些自己生產的蔬菜或者草藥，其實感覺他們只是借此消消閒罷了，並不期待賺甚麼錢。

　　街市上賣的豆腐、豬血、各種醬料多是本地生產，但對於初來乍到的人，面對這些沒有標籤的食材會一頭霧水。只有超市的食材才會看到詳細名稱和產地。對於甚麼叫當季，這在香港很難說。比如白菜，它既耐熱又抗寒，所以常年都能買到，當然時節不同品種略有差異。而且，現在很多蔬菜都在溫室栽培，不受季節影響。不過有些蔬菜還是當季的口感最好。香港有兩季，9月到4月氣候溫潤，適合芥蘭、唐生菜、蕃茄、白蘿蔔、青蘿蔔和菠菜。各種瓜類、茄子、蕃薯則在酷熱的5月到8月品質最佳。

　　法國則是四季分明，市集的食材也完美配合着季節的變化。比如冬天你絕對看不到櫻桃，同樣，夏天也買不到南瓜。

更多選擇

　　在街市，可以看到同一類食材的多種品種。另外，街市能買到超市沒有的食材，很多在超市找不到。比如我在市集「發現」了蕃薯葉、萵筍、枸杞、銀絲菜心，以及茭筍。我還在旺角亞皆老街的一個小攤檔那裏見到一種長相可愛的瓜，本地人稱「鼠瓜」，因為它形似老鼠。我還認識了南瓜芽、蕨菜、霸王花、紫豆角、紫眉豆、新鮮榨菜以及娃娃菜。

當地文化

我不僅喜歡看街市琳瑯滿目的貨品，更喜歡聽檔主的叫賣或是觀賞買賣雙方的交流，這可以讓我很快了解並融入本地人的生活。每當農曆新年前，街市隨處可見白蘿蔔（蘿蔔糕是新年的應景點心），大白菜用紅繩子穿上掛在店裏的金屬網上，頗為喜慶。這時你還會看到大量的柚子葉。信奉古老傳統的本地人會在除夕夜以柚葉水沖洗身體，以求祛害辟邪。一些雜貨舖會賣臘肉、臘腸，這是做蘿蔔糕的食材。還有一些攤檔會賣各種糖果、堅果、蜜餞以及做好的蘿蔔糕和年糕。而在法國，年末的市集通常會賣生蠔、柑橘、菠蘿、核桃、冬青和槲寄生（mistletoe）。

中秋之時，柿子和柚子上市，香港人喜歡這兩種水果，不僅因為它們味道甘美，還寓意為事事如意、廣得庇佑。本地人還以軟糯的煮芋頭和香脆的菱角為小吃。中秋前後，還能在販賣上海食材的攤檔那裏看到大閘蟹。

和香港本地人聊食譜，我知道了一些在西方很少見的配料，比如梘水。梘水給麵食上一層淺黃色，並讓麵食更有彈

信奉古老傳統的香港人會在年三十晚以柚葉水洗澡，以求祛害辟邪

May this bring you good fortune.

迷信的法國人會將槲寄生（mistletoe）掛在家裏迎接新年，以求平安多福

性。做月餅時也會加上幾滴梘水，這樣月餅就會透着一層誘人的金黃色。

在法國，聖誕來臨時，市集會售賣應景食材，比如帶子、蝸牛、各種聖誕糕點、水果以及裝飾用的植物。12 月正是帶子肥美之時，生熟均可買到。這時也是生蠔上市時，大家都知道法國人酷愛生蠔，食生蠔也是送舊迎新不可缺少的菜餚。人們也可以在市集直接品嚐即開的生蠔，並配上一杯清冽的夏布利酒（Chablis）。法國人都知道，帶「R」字母的月份，即每年九月到來年四月，都是出產生蠔的最佳時節。

蔬果攤主也當然不會錯過聖誕前夕的商機，他們會賣各種如菠蘿、柑橘等水果。糕點店會賣傳統朱古力、炒栗子或是各種糖漬水果，以及聖誕節原木形朱古力蛋糕 (yule log)。肉舖會賣熱騰騰的蒜蓉牛油蕃茜焗法式蝸牛。禽類攤位則賣鵝以及填塞了栗子的火雞或閹雞。花店則賣一品紅（也叫「聖誕星」），以及冬青或槲寄生。有些花店會將其送給老顧客。法國人將槲寄生掛在家裏，以求平安多福。這和香港人以柚葉沖洗身體一樣，都有祈福之意。在維埃納市集，可以買到多菲納（Dauphine）地區的核桃。

貼心服務

　　我喜歡逛那些有「人情味」的街市，比如我看到一些上了年紀的顧客會和檔主聊天，甚至不用講得太仔細他們要甚麼，檔主就會明白。這樣的街市讓人倍感溫馨。在法國，攤主一般會和顧客聊聊食材、食譜，如果是老顧客，便會聊到更加私密的話題，比如家庭。有人覺得攤主只是為了討好顧客，裝作關切，其實不然，這些對話都非常真誠。他們是出於真心希望多了解顧客的喜好，比如那些老顧客希望攤主幫忙把南瓜切塊，那些不喜歡吃紅蘿蔔的蒂頭，這些攤主都牢記在心。

　　在香港，雖然檔主們更忙碌，但大部分人都很友好。比如他們會把太長的絲瓜切半，讓客人更好拿。亞皆老街街市那家我發現了很多「新奇」食材的檔主（女老闆看着年紀很大了，男的中年，我猜他們是母子）對我一直很好，我問他們食材的名字，中文怎麼寫，回家怎麼做，他們從未表現出不耐煩。

　　大埔墟街市有一家牛肉攤檔，也是我很喜歡的攤檔之一。這個攤檔由三個女人經營，其中一個很明顯在「掌管局面」，因此應該是老闆。這家攤檔生意很好，通常到下午便售罄打

烊。因為我很難一大早到，她便給了我她的電話，讓我要買甚麼便提前告訴她，她好幫我留著。

買蔬菜我常去大埔墟室內街市附近大街上的一家攤檔。這家攤檔很老，店內堆滿了各種箱子，牆上似乎還有塗鴉一樣的圖文。女檔主寡言，但面帶笑容。她老公下班後會來店裏，通常坐在菜檔旁邊。她哥哥在她攤檔的旁邊擺了另一攤檔，賣本地的水果，比如香蕉、鴨梨、青梅等。 我是她的老顧客，自然相信她不會騙我，我去的時候，她通常會送我幾根蔥或芫荽。她會給我介紹當天最受歡迎的食材，我如果對於做菜已經無甚新意，她便會給我介紹新的食譜。旁邊的一些顧客聽到後，有時也加入對話幫我「出謀獻策」。

另一些我遇到的檔主也大多充滿善意。比如當我在大埔墟街市第一次買筍時，檔主告訴我要去掉筍頭，因為那部分很苦，她還幫我去掉筍的外皮，雖然以她的「利器」這不費事，但對我來說便幫我了大忙。去皮之前她還問我是否當天要吃，如果不是最好保留外皮以保新鮮，還教我最好用報紙包好存放在陰涼處。這樣貼心的服務在超市是沒有的。而且比起去網上查各種「攻略」，我寧願聽取有經驗的商販的建議。

之後我又去她的攤檔買豆腐，發現這次的筍比我上次買的細很多。她告訴我，筍分三季，目前我看到的叫「馬蹄筍」，是來自台灣的品種，因為形似馬蹄而得名。馬蹄筍通常在五月到八月中旬上市。另外兩種分別為八月中到一月上市的冬筍，和三月到四月底出現的春筍，春筍和冬筍都來自中國內地。筍

多用於炆肉，也可醃製。這種馬蹄筍口感脆嫩，則適合煸炒，或直接拌在沙律裏。

新鮮的春筍和冬筍需要事先煮一遍，去除有害的酸性物質，再和肉一起炆。馬蹄筍則只需稍微汆水便可煸炒。如果是拌沙律，也不需要汆水，只需切掉有苦味的筍頭即可。

還有一次我問這位檔主毛豆怎麼吃，她說和榨菜以及豆腐幹同炒。正是在這家店，我還認識了新鮮百合及茭白，以及適合它們的烹調方式。

另一家攤檔的女檔主教了我冬瓜湯的另一種做法。通常冬瓜湯配以蘑菇和蝦米，她的食譜卻是加入蓮子、淮山和茨實。我不知道何為茨實，她很好心地說陪我去買。不過我說她只需要告訴我廣東話發音即可，於是她重複了幾遍直到我學會為止，我便到另一家攤檔買茨實，並要求打開包裝看看，卻惹來這家檔主不開心，於是我猜可能是這個茨實有問題，檔主不想讓我發現。於是我回到之前那家店讓女檔主幫我看看這個茨實，她聞了聞說倒是沒有大問題，只是太老口感不好，並建議我換一家買。

當然不是所有的檔主都這麼友好，在香港如此，在法國亦然。但我覺得和檔主建立友好關係很重要，這樣可以買到放心的食材，還可以獲得很多烹飪心得。

無論是法國還是香港，大家對美食的喜愛都十分強烈，香港人更是注重食療。法國人喜歡慢慢享受食物，因此他們在週日花上三、四個小時和家人吃頓午餐沒有甚麼稀奇，通常大家

會在家吃飯。相反，香港人喜歡相聚於晚餐，或是在家或是外出。

很多人以為法國天天吃鵝肝和蝸牛，喜歡吃重口味的湯汁，或是法國人每餐飯都可以吃到天荒地老。其實不然！這些成見就如同認為中國人每天都吃燕窩、魚翅、蟲草、海參、蛇羹一樣不可信。其實，大部分法國家庭日常的餐飲很簡單，比如一塊牛排、一盤沙律，主食薯蓉或是意粉，更簡單的直接買三文治或者現成的意大利薄餅。像紅酒燴雞（coq au vin），紅酒燉牛肉（boeuf bourguignon），牛肉濃湯（pot-au-feu），或是農村蔬菜雜肉濃湯（potée）這些大家熟知的名菜準備費時，因此法國人其實也只會在大家庭聚會時才會準備這些菜餚。

還在法蘭西帝國時代，法國菜以繁復華麗且量多為特色，但如今的新派法餐，就近取材，講究少而精。

我小時候常在週末或假期吃到的一些菜餚，比如雞蛋配水煮梭子魚，俄國沙律、雜錦蔬菜沙律（macédoine）如今已經不再流行。

高脂高蛋白的調味汁，比如以蛋黃、牛油為材料的荷蘭汁法國人也多是在週末「大餐」的時候才會用到，牛奶白汁（Béchamel）或是番茄醬汁不僅比忌廉為底料的醬汁健康，而且做法更簡單。

菜檔的檔主通常會送
顧客幾根蔥

Remember to cut the tip, and if you don't cook it today, wrap it in newspaper to preserve its freshness.

有些檔主很友善，給我煮食貼士

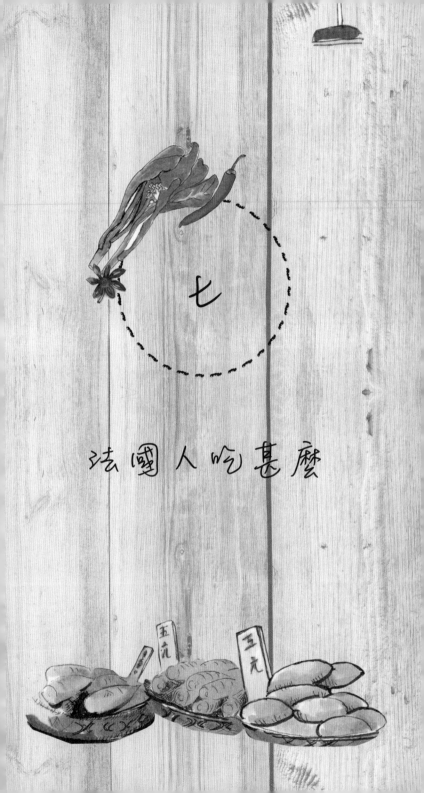

七

法國人吃甚麼

早餐

不同於香港人早餐愛吃熱食，比如點心、麵條、粥等，法國人的早餐非常簡單，幾片吐司抹牛油或果醬（當然兩者一起抹也可），或是牛角包即可。他們喜歡用牛角包蘸着咖啡或茶吃。

午餐

　　午餐曾對法國人來説是三餐之中最重要的一餐，尤其是農家或工人，他們通常在午休時會回家吃一頓飽餐。而如今，因為大部分人忙於工作無暇午餐，於是晚餐成了很多人三餐之重。

　　從前我家的午餐通常前菜為沙律，主菜以肉為主，週五會吃魚，主菜之後是甜點或者切片水果。我母親注重營養均衡，因此有時主菜是以雞蛋為主的乳蛋鹹撻（quiche Lorraine）或者形似香腸的魚肉餃子（quenelles），配以番茄蘑菇汁，口感比傳統里昂的餃子更軟。傳統的里昂餃子是將子梭魚打成魚蓉，加入忌廉及蛋白等材料後，再以一雙鐵匙刮成圓丸狀煲熟，最後淋上龍蝦汁。

　　馬鈴薯和意粉做成的菜餚是我的最愛。有時候我們也會做米飯類的鹹味菜餚，比如義大利燴飯和手抓飯，但卻從來不曾蒸過白米飯。

晚餐

我家的晚餐一向較為簡單。夏天就是沙律，冬天則是馬鈴薯韭蔥湯。中午如有剩餘也會留作晚餐的一部分，再配以水果。如果剩餘太少，我母親會炸些薯條或者做一個奄列。晚餐通常 8 點開始，在香港卻是 7 點。

甜點

　　法式薄餅（Crêpes）、華夫餅（Waffle）、粗麥蛋糕（semolina cake）因為富含牛奶和雞蛋，常常作為我們三餐的補充，在我們小時候並沒有認為它們有甚麼不健康。我們還吃一種米布丁。法式米布丁和香港的不同，前者以米和牛奶為原料，而後者以米粉和水而制。我母親會做不同版本的米蛋糕或者粗麥蛋糕，最好吃的是加了提子乾和香草精，並灑上些熱紅酒。我父親酷愛甜食，於是他還得在蛋糕上再加一勺自製果醬。冬天，我們還喜歡用以香料熬煮的紅酒來燉雪梨，這是一道里昂和勃艮第（Burgundy）地區的特色驅寒糖水。

下午茶

　　法國的孩子們當然也喜歡各種小吃，小吃和茶點在法語裏都稱作 goûter。這個詞也有「嚐味」之意。

　　我上學那時，上午課間的小吃為薑餅蛋糕，我很喜歡這種甜辣口味的糕點。通常我母親會在我父親工作的工廠委員會那裡預訂薑餅蛋糕。我父親有一次回家抱怨我母親讓他帶去加餐的蛋糕口味不佳，我母親看了一下包裝，發現原來這個蛋糕已經過期了。但好笑的是我父親太愛甜食，就算吃着覺得口感不對，他還是把那塊蛋糕吃完了。

　　我母親還會從工委會買回一種帶有榛子碎的朱古力棒，我還記得包裝是橘色的。很遺憾這種兒時的美味現在已經找不到了。

　　我們下午放學回家後的「下午茶」時間，會吃一些簡單的吐司，抹上自製果醬，或者一片麵包配一塊朱古力，或者一個水果啫喱條。如今簡單的麵包配朱古力已經不能滿足孩子們的口味了，他們喜歡更精緻的茶點。我們那時還吃用剩餘麵包製成的法式吐司。

我父親抱怨我母親讓他帶回工廠作下午茶小食的薑餅很硬……

母親於是查看一下包裝，才知道這薑餅已經過期了

每當我母親邀請親朋好友來家喝茶，她會以 LU 牌小牛油餅乾招待客人，而我也有機會吃到。這款餅乾發源於 1886 年，它上面有 24 個孔，說是代表一天的 24 小時。

　　每週三學校放假時，我們幾個小孩便輪流做蛋糕。我們參考的食譜書專為小孩而寫，是一家塑料器皿公司為搞促銷贈送的，當然其中提到的器皿都出自這家公司。

　　當我還在法國讀小學時，我未來的丈夫在香港唸初中，而他從不帶食物去學校。不過每到週末他便會去買雞蛋仔、砵仔糕或咖喱魚蛋這樣的街頭小吃來解饞。現在的香港小孩喜歡吃脆米餅、即食麵、小熊餅乾或者內填朱古力餡的管狀餅乾，說實話，後者的形狀讓我覺得有些像消化器官，剛好這款餅乾叫「Collon」，聽起來也像「colon」（結腸），我也不知道商家的用意何在。

夏季：青蛙和小魚

英國人謔稱法國人為「蛙人」。那法國人是否鍾愛食蛙？其實不然。法國東南部的人們喜歡吃蛙，這些蛙大多來自里昂北部的東布地區（Dombes）。如今，大部分蛙進口自越南，超市也可以買到急凍蛙。蛙肉本身沒有甚麼味道，因此法國人加之以蕃芫和蒜蓉調味。香港人聽到我們法國人吃蛙覺得沒甚麼大驚小怪，因為香港人也吃蛙，比如田雞煲仔飯。不過不同於法國，在香港人們可以在街市買到活的蛙。殺蛙的景象似乎比殺魚看着更可怕，或許是因為蛙有腿所以人們會更有憐憫之心？

每到夏天，在露天咖啡店或者河邊的餐廳可以吃到一款油炸小銀魚（Friture），通常搭配他他醬，一片檸檬以及生菜。在里昂，人們用的是索恩河（Saône）的銀鯉（bleak，也稱歐白魚），而在大西洋海岸地區，人們則用海裏捕撈的胡瓜魚（smelt），在南法，人們則用一種既在淡水也在鹹水區域生長的銀漢魚（atherine）。當然，任何一種在超市能買到的急凍小魚都可以用來做這道菜，或者直接找個閑暇之時去垂釣，

然後享用一頓垂釣的成果。

如果是銀鯉魚，我母親用來油炸；如果是鮎魚（catfish），她通常煎一下即可。我父親愛好釣魚，曾常去羅納河捕這種鮎魚。我還記得他的裝備有魚竿、裝魚的桶、養在鋸屑裏並塗成紅色的魚餌（他說塗成紅色更容易吸引魚上鉤），以及一把折疊小凳。一次釣魚可能要花上好幾個小時，因此他需要坐着。通常我們全家都會跟他一起，順便在外野餐一頓。

後來，我父親和他同事常去他們工作的工廠所擁有的一個池塘釣魚。這個池塘多為鱅魚（carp）及鮎魚，還有一些常見的淡水魚。來這裏釣魚，除了要出示國家釣魚許可證，還需有專屬這個池塘的許可證（有效期為一天、一週或一年），這個許可證也可以帶人，因此我丈夫和兒子都曾跟我父親去過這個池塘。

在香港似乎大家可以隨處釣魚，不論是在海邊、河邊或是水庫。我常看見人們在尖沙咀或中環的碼頭或者離島的海邊釣魚。想必他們都像我父親一樣是業餘的垂釣者，可能並不在意魚獲的數量，只是圖個樂趣。

在家聚餐

　　法國人喜歡請親朋好友來家裏吃飯。我覺得比起一頓雞鴨魚肉、湯品、甜點俱全的中餐，只需三、四道菜的法國餐準備起來或許更容易。在法國通常有兩種聚餐，一是節日家宴，二是簡單一些的朋友聚餐。

節日家宴

　　和中國人一樣，節慶在法國很重要。法國的大部分節日都和宗教相關，準備一餐節日聚餐，尤其是聖誕聚餐，也是增進家人感情的重要部分。比如，當我母親準備菜餚時，我父親便帶着我們幾個小孩幫忙剝栗子，壓好用於蛋糕的核桃碎或佈置飯桌。父親還有一項任務是開生蠔，這是一項需要經驗、手藝和耐心的活。

　　除了聖誕和復活節之外，「初領聖體聖事」（First Communion）和「莊嚴聖體聖事」（Solemn Communion）[1]，也是家庭聚會的重要時刻，在這些場合，家庭聚餐可以長達三小時。

　　鵝肝、蝸牛和生蠔是年末節日的主角。70 年代，煙熏三文魚（雖然這不是法國特產）也受歡迎，但因售價昂貴，我們通常只在聖誕時候吃，如今食物大量生產，讓價錢下降了很多，煙熏三文魚早已是尋常之物。而我父母那個年代，每天吃

1　這是天主教針對小孩的儀式，前者在小孩 8 歲左右舉行，後者在其 12 歲左右舉行。

肉都不可能，但現在想吃肉隨時可以。

蝸牛屬於較為精貴的食材，和蛙腿一樣，調味很重要。香港人不怎麼吃蝸牛，他們偏愛另一類爬行動物，即蛇。蛇多用來煲湯。我知道很多西方人對此深感恐懼，我對蛇湯倒是不喜不厭。第一次吃蛇湯是在巴黎讀書時，當時還是我男朋友的仁為我做了蛇羹。那是一種罐頭湯，只需要加熱即可，我們就坐在我宿舍的地上喝。後來到香港在餐館吃到蛇羹，發覺其味道要比仁的罐頭蛇湯好很多。

一月六日是主顯節，這一天人們會舉行具有宗教意義的聚餐並吃國王餅。國王餅其實是一種蛋糕，裏面藏了一個陶瓷或塑膠的小人偶，誰的那塊蛋糕裏要是有這個小人偶，那他／

法國迷信的家庭主婦將班戟煎餅直接從煎鍋中「飛」到壁櫥頂部，相信這樣會帶來好運

我不想吃羊腿，因為我不想記起這腿是來自我們養的小羔羊

她就是當天的國王／女王。這個小人偶多被做成皇室成員的樣子，或者聖家族，又或者動物。里昂的傳統國王餅是一種有杏仁奶油餡的酥皮批，但也有做成環狀的法式奶油蛋卷麵包（brioche）。

每年二月二日聖燭節，是我們幾個孩子很喜歡的日子，因為這一天我母親會做可口的班戟煎餅。我母親說一些相信煎餅可以辟邪的家庭主婦會在這一天直接從煎鍋中「飛」一張煎餅到壁櫥頂部。我家有個遠方親戚在飛餅時手裏還會攥一個硬幣，說是這樣可以財源廣進。但我覺得這一說法不可信，怎麼可以把餅從鍋裏直接甩到壁櫥上呢？但我並沒有親自驗證，盡管我家有許多吃不完的煎餅。我母親也不迷信這種甩餅帶財的說法，所以我也沒法親見它到底是否可行。

每到復活節週日，我和姐姐弟弟一早起床就跑到院子去找復活彩蛋

在四月大齋期開始前的一天，或是齋月開始的聖灰星期三，人們會吃油炸甜食。比如我母親就會做一種在法國東南部被稱作 Bugnes 的油炸脆餅。她通常會做很多，邀請親朋好友都來吃，就像是農曆新年期間香港人做蘿蔔糕邀請親友一樣。我母親做 Bugnes 時，我們也會幫忙擀麵，把麵團切成 10x4厘米大小的塊狀，並在麵塊兩面的中心部位挖一條縫。我母親再將麵塊油炸，炸好後要迅速灑上糖粉，然後再將這些還很脆弱的炸物小心翼翼地放到大盤子裏。這時家裏充滿了油香以及和麵用的橙水香味。

復活節時我們吃羊肉，法國人認為羊肉代表春天和新生。傳統法餐馬鈴薯或笛豆（flageolet）燒羊腿至今依然是復活節的重要菜式，只是現在因為一年四季都可以吃到羊腿（多來自

153

新西蘭），它和復活節特殊聯繫似乎就淡了。但我其實不想吃羊腿，因為它來自我們養的小羔羊。我父親的一個同事把他的羊低價賣給了我們，我家隔壁有一塊空地，地主允許我們使用，所以我們就用它來養羊了。這隻羊成了我們幾個孩子的寵物，我父親還給她建了一個羊棚。但我父母後來將她拿去配種，之後她生了兩隻小羊。我和姐姐、弟弟很喜歡這兩隻小羔羊，它們出生的第一週，我們用沖泡的奶粉餵它們，看着它們吸奶嘴的樣子，我們很吃驚它們這麼能吃。等到它們兩三週大時，我弟弟喜歡把它們扛在肩上在園子裏踱步，但小羊羔覺得腿懸空很不舒服。後來，我父母說我們沒法養三隻羊，便決定把兩隻小羔羊殺了。我父親自己卻沒有操刀（也許他不會，或是不忍），他叫來了我母親的舅舅幫忙。我們留着母羊三年，這三年裏她又經歷了配種，又生了小羊。後來決定不再養羊，也是因為我父親不願再殺羊，養了這麼久，他覺得羊比兔和雞都可愛。

除此，朱古力蛋（有時裏面還包有一個小糖蛋）以及各色朱古力點心都是復活節為人所愛的食物。

小時候，每到復活節週日，我們幾個小孩子一起床早飯都不想吃就衝到院子裏找彩蛋，大人們說這些彩蛋是由復活節鐘 [2] 帶來的。鐘來自羅馬，它們在復活節回到法國，在花盆、

---

2 根據法國傳說，教堂的鐘會在復活節前飛往羅馬接受教宗祝福，然後攜帶復活蛋回到法國，並將其投落在居民的花園裏，之後便會鳴響，宣告基督的復活。

樹根或花園長凳邊藏很多彩蛋。長大之後我們當然知道了，藏彩蛋的復活節鐘其實就是父母。我母親先用洋蔥皮和紅菜頭汁煮雞蛋，這樣雞蛋就會呈現銅色和粉紅色，之後我父親再負責把它們藏在花園。

朋友聚餐

不像很多香港人家裏都請外傭，法國人工太貴，因此柴米油鹽通常都由女主人操持，盡管很多時候太太們也要全職工作。

如果是要請人來家吃晚飯，法國太太們喜歡組織「自備菜餚」的自助餐（apéritif dînatoire），這是近年才開始流行的聚餐方式，即每位賓客帶一樣菜餚。賓客所帶的菜餚通常是小食，但很精緻造型也美觀，而且常常推陳出新。夏日，整頓自助晚餐都是冷食。

天氣稍冷，法國人便吃比較豐富和飽肚的食物，比如含芝士、馬鈴薯、煙肉，以及各種冷切熟肉，家家戶戶也開始做酸菜和洋蔥湯。需要大家自己動手的烤芝士（raclette）、芝士火鍋（Savoyard fondue）、油火鍋（Bourguignonne fondue），以及熱石烤肉（pìerrade）在寒冷的日子也很受歡迎。

我還能想到的一款朋友聚餐叫 Farcement。這是當年在巴黎唸書時我的一位朋友給我和當時還是我的男友仁做的。

這道特色菜來自我朋友的家鄉薩瓦地區（Savoie Region），原料是切片鹹豬肉、馬鈴薯碎、阿讓（Agen）梅（阿讓是法國南部的一個市鎮），拌以雞蛋，再加法式酸奶油（crème fraîche）和各種調味料，然後將這些混合物倒入鋪了煙熏豬腩肉的烤盤，並隔水烤製。後來我在香港吃到了「盆菜」，也是將如海鮮、冬菇、豬腩肉、豬皮、豆腐、蔬菜等各種材料堆疊在一起，便讓我想到了當年的 Farcement。

熟肉拼盤

　　里昂和其附近居民很喜歡熟肉拼盤（charcuterie）。來了香港之後，我很想念家鄉的各類熟肉，香港沒有這類食物，與之稍微接近的可能就是臘腸和各種鹵水肉和內臟吧。

　　里昂最有特色的是當地的「小酒館」（bouchons）。Bouchons 的本意是塞紅酒瓶的軟木塞，除此還有「堵塞」，比如塞車之意。里昂小酒館其實不專門是喝酒，而是可以吃到各種熟肉，比如豬腸（這種豬腸的內餡也是切碎了的腸）、豬腳以及加熱的里昂特色香腸，搭配馬鈴薯沙律。

　　法國人說「豬的一身都是寶（除了膽汁）」（tout est bon dans le cochon），在法語裏，「豬」和「寶」剛好押韻。法國人認真處理豬的每部分，有些不那麼精緻的部分也切得規規整整。當然中國人也不會浪費，但檔主們並不會費時將口感較次的部分和內臟處理得好看點再賣。

內臟

　　之前提過，在法國和香港，大家都覺得豬渾身是寶，任何部位都不願浪費。法國人對牛也是如此，他們將牛的睪丸和乳房裹上麵包屑，再煎熟。據說牛乳房肉質軟嫩但口味寡淡。

　　我從未聽過法國人吃牛鞭，或是牛卵巢或陰部，卻在網上看到香港元朗有家餐館可以吃到所有這些，只要食客願意嘗試。我覺得在街市應該可以直接預訂這些器官。我自己從未吃過牛卵巢，但卻在坐月期間吃過雪蛤膏湯，聽說雪蛤膏就是蛙的卵巢及輸卵管。我還曾吃過牛鞭湯米粉，它的口感類似牛筋。

　　在香港讓我覺得奇怪的是人們吃豬的上顎，稱之為「天梯」，它是白色的帶軟骨的一長條，一般是和豬脷同售，通常是燙火鍋的食材，聽說口感脆嫩、味道鮮美，不過我還沒有嚐過。

　　在法國，牛肚、豬肚等內臟（無論是生的還是熟的），不僅可以在肉攤買到，也可以在專門出售肚類的攤位買到。在香港新鮮內臟一般只能在生肉攤檔買，經過漂洗的內臟，比如

牛肚或豬腸，可以在豆腐攤檔買到。經過腌製的內臟則在鹵水店賣。

法國人吃豬肉有很長的歷史了。過去，農民們會養一些只供自家食用的豬仔，當豬仔長到兩歲時（通常在 3 月和 11 月），便被屠宰。一般農民會送一盤新鮮的豬血配上些內臟給鄰居。大家通常用 fricassee 的方式來烹製，即把材料煎過再用鑄鐵鍋小火燉或煎。送來的內臟，人們通常先吃豬心和豬肺，然後是豬橫脷，這部分通常烤着吃。接着，人們吃豬潤和豬腰，先煎熟，再配濃稠的醬汁。豬皮和脂肪則熬成豬油，再凍成固體，下次烹飪用。所以你看，沒有一樣浪費了。如今，豬油也用來做脆麵包、餅乾以及其他烘焙料理，比如批皮或者酥皮糕點。在香港，豬油也會賣給烘焙坊以及點心店，它可以讓包子，燒賣及餃子等食物更香。

我母親以前會做羊雜燴，通常是羊肺、羊肝和羊心混在一起。我奶奶教給她的食譜是，將這些內臟切片，加蒜蓉爆炒，最後撒上蕃茜。有時她會加入羊脾，用麵粉裹上，再用紅酒燉煮。

我家有親戚曾買牛肺、牛心或牛胰來餵她家的貓，我家也養了貓，但我家的貓可以自由出入，所以它可以在外捕捉老鼠吃。而現在，寵物們都吃事先配好的糧食。

每年維埃納附近的體育會所會通過售賣豬血腸來籌集資金。這種豬腸的餡料是脂肪、奶油、香草以及香料。這樣的活動會在冬天的某個週日舉行，地點通常是一個臨時搭建的帳篷

或在某個社區中心。這一天，村民們用一口大鍋煮布丁血腸（boudin）。這樣的活動在當地很有名，因此附近村鎮的居民也被吸引來嚐嚐當地美味，並為鄰鎮做些貢獻。香腸也可以試吃，於是很多人便和朋友喝着小酒，品幾塊血腸，很是愜意。不過得趁早，因為美食很快就售罄。我有一次接近中午到的，被告知所有食物在上午十點半就賣完了。

冬天，人們可以在市集的肉攤買到農民自製的血腸。

馬鈴薯

馬鈴薯對法國人來說是非常重要的食材。孩子們都管馬鈴薯叫「spud」。薯條和烤馬鈴薯（Jacket Potato）自然大家都愛，烤馬鈴薯在法國被稱為「穿着禮服的馬鈴薯」，聽起來似乎更逗趣。我母親做的炸薯片又香又脆，她稱之為「門墊」。小時候每當聽到這個我都捧腹大笑，說我們又要吃「門墊」了。馬鈴薯是主食，我們通常還要搭配煙肉、蘑菇、三文魚或者更貴重的食材如松露或鵝肝。

小學時我得知一開始法國人並不喜歡這種源自南美洲的塊莖，因為它賣相不佳似乎也沒甚麼特別的味道。法國大革命時期，馬鈴薯開始受到重視。這時一位叫巴曼迪耶（Parmentier）的藥劑師發現多食馬鈴薯能飽腹禦寒，而且馬鈴薯比麥子更易儲存。為了說服路易十六國王，巴曼迪耶做了一道牛肉碎焗薯蓉讓他品嚐。後來大家當然可以猜到焗薯蓉獲得了甚麼樣的重視。如今這道牛肉碎焗薯蓉就被稱作「巴曼迪耶餡餅」（Hachis Parmentier）或「牧羊人批」（shepherd pie）。

大部分馬鈴薯為主的菜餚冬天享用最佳。比如 Tartiflette，

即芝士焗馬鈴薯。這一道法國美食，芝士用的是瑞布洛申芝士（Reblochon），再配以鹹肉（lardons）及阿爾卑斯地區（The Alps）的洋蔥。又比如傳統的多菲內奶油烤馬鈴薯（Gratin Dauphinois），這道菜是將一片片的馬鈴薯層層堆疊加入忌廉並烘烤。這道菜源自阿爾卑斯山多菲納（Dauphiné 地區因此得名）。而我母親做這道菜的方式和傳統版本有所不同。她以牛奶代替忌廉，因為牛奶不僅價錢稍低，且更健康，然後她會在最上層的馬鈴薯上加一些牛油和豆蔻碎。她還將一道里昂的傳統菜煙肉燉煮馬鈴薯（pommes de terre boulangère）改良，以雞湯代替忌廉，並加入洋蔥和一小捆各色香料，讓味道更豐富。

在法國，小朋友們也喜歡薯蓉。我們學校的食堂提供的薯蓉是超市可以買到的即食薯蓉，即薯蓉乾粉，吃的時候用水或

每年夏末我們就出發去摘馬鈴薯

牛奶泡開。儘管用牛奶泡發比用水好吃些，但新鮮薯蓉那種混着牛油和豆蔻碎的美味是即食版本無法比擬的。

我還記得後來「公爵夫人馬鈴薯」（Duchess potato）開始流行，它入口即化，很像我奶奶曾經做的薯仔粉團（potato gnocchi）。我未曾親眼見到我奶奶做這道菜，我很小的時候她便過世了，但她將食譜傳授給了我母親。這道菜需要新鮮香蒜醬，於是我父親每次都親手將自家種的羅勒葉和蒜用木臼搗碎製成香蒜醬。

我的一對夫妻朋友種植了三十年有機蔬果，光是馬鈴薯他們就種了十五種（當然這十五種馬鈴薯只不過是三百八十多個馬鈴薯品種的一小部分）。他們種的馬鈴薯有的是紅皮，有的是紫芯，並且每個品種他們都給其取了好聽的名字，如安娜伊絲（Anais）、阿曼娣（Amandine）。這十五種馬鈴薯

一開始我們還是蹲着摘，蹲累了就跪在地上

我從未在香港的街市看到過。我朋友總是鼓勵他們的顧客嘗試不同的品種，還配上了烹飪方法，比如口感酥軟的適合烤或做成薯蓉；蠟質口感的適合長時間烘烤。我朋友的食譜中我最喜歡的是「烤馬鈴薯煙肉卷」，即把薯片煎炒過後包在煙肉裏一起烤。至於馬鈴薯品種我朋友建議選擇「小小兵」（Bintjes）或者蒙娜麗莎（Monalisa），這兩種質地比較緊實，適合烘烤，吃的時候再搭綠豆角和烤珍珠雞肉。

此外，我們的一些遠親也種植馬鈴薯。我還記得小時候和父母每年夏末就去這些親戚家的農場摘馬鈴薯。這個農場在離我家四十五分鐘車程的一個村莊，途經一片「冷土地」或「山地」，因其比之我家所在的羅納河谷地區（Rhône valley）土壤貧瘠，風大氣溫低而得名。我母親開着一輛雪鐵龍 2CV，這款車因為後座可以放平所以很適合運送大件物品，其實它當

我家那輛雪鐵龍 2CV 最適合用來運載我們在農場摘的馬鈴薯

初的設計就是為了容下兩個農夫，五十公斤馬鈴薯和一桶葡萄酒。而我母親一般只載我外公。我父親用他的奧迪 R10 載我和弟弟。

避開烈日，我們一般下午才開始摘馬鈴薯。馬鈴薯植株經不起日曬，很快就乾枯。地已被拖拉機翻過，淺淺的犁溝裏的馬鈴薯都等着被收割。我們用手把馬鈴薯拉出來，也會翻翻地下看還有沒有埋着馬鈴薯。一開始我們還是蹲着摘，蹲累了就跪在地上。我才意識到法國畫家儒勒・巴斯蒂安－勒帕熱（Jules Bastien Lepage）的代表作《馬鈴薯豐收》（The Collect of Potatoes）的畫面有多麼真實。

三小時候後我們摘完了馬鈴薯，已經筋疲力盡。農場的人員會來秤重。我們一共摘了一百三十多公斤，因為是自己摘的沒有額外人工費，所以光是買這一百多公斤馬鈴薯並不貴。其中一百公斤我母親用她的雪鐵龍 2CV 帶回家，三十公斤裝在我父親的車裏運給我爺爺奶奶。我們會將那些被拖拉機傷到的挑出來，這些可以用來餵豬和家禽。

我們回家之前農場的親戚會邀約一起吃頓飯。這頓飯的食材自然都來自他們的農場，菜餚有煙熏豬腩肉、乾香腸、蘑菇煎奄列、蘋果、核桃以及傳統菜煮馬鈴薯配白芝士（tomme daubée）。Tomme daubée 這名字有誤導。因為 daubé 意為「臭」，但其實它並不臭。它源自多菲那（Dauphiné）地區，用新鮮芝士加醋、白酒、油、高脂奶油、紅蔥及香蔥製成。它顏色雪白口感順滑，有點像小牛腦。里昂的中產階級稱之為

所有食材都來自農場：煙熏豬腩肉、蘑菇奄列、蘋果、核桃，以及傳統菜白芝士煮馬鈴薯

「絲織工人的腦子」，其實是嘲笑 19 世紀里昂的絲織工人吃不起真正的牛腦。

酒足飯飽後我們從農場回家，為儲備了一個冬天的主食而滿心歡喜。

和法國相比，馬鈴薯在中國的地位沒有那麼重要。中餐裏馬鈴薯一般會和蕃茄煮湯。中國人也會用馬鈴薯炆雞翼，葡式咖喱雞中會有馬鈴薯，或者馬鈴薯煎肉餅。我剛來香港那會，街市上的馬鈴薯只有一種，而我覺得它太甜。現在街市上還是賣着這種從內地進口或者在香港本土種植的甜馬鈴薯，不過在超市可以找到來自日本、澳洲、美國甚至立陶宛的不同品種。

學生餐廳

　　在法國，每所學校必須有餐廳為學生提供正餐。這樣的正餐包括前菜、主菜、芝士或者其他奶製品，以及水果或甜點。學校食堂不僅僅提供均衡營養，更有教育意義，尤其對小學生來說，他們在學校食堂不僅可以嘗到多種菜式，也被教導不能浪費食物。對很多孩子來說，由於父母下班很晚，不能給他們做營養的晚餐，加上小孩們不愛吃蔬菜，父母忙了一天也無心費工夫勸導，就乾脆煮點簡單意粉當晚餐，所以學校的午餐便成了孩子們一天唯一可以吃到蔬菜的機會。

　　但其實食堂的東西並不美味。我之前提過食堂的薯蓉都是即食薯蓉，芝士也是人造的，還有罐裝菠菜也很難吃。這種罐裝菠菜被切得很細碎，沒有了菜的纖維，當加入了白汁後只能用勺子舀了，這種深綠的黏糊糊的東西看着讓人很不舒服。在家我母親都是用新鮮蔬菜。而且那時總是在學校草坪被修剪過的那天，食堂提供菠菜，於是我們總覺得吃的不是菠菜，而是割下的草。

　　上小學時，我很少在學校食堂吃飯，但心裏還是挺想去

的，主要因為學校提供的芝士牌子上有一頭笑着的牛很可愛，而且如果我們幫助食堂員工擦乾餐具，就可以吃到 LU 牌餅乾。上中學之後，我每天都得在食堂吃。那時我真希望學校離家近些，這樣每天中午可以回家吃我母親做的飯。

餐廳

　　無論是在法國還是香港，餐館都講究菜餚色香味俱全。傳統粵菜和法餐都講究食材新鮮，也都有一些需要花長時間和精力準備的菜式。粵菜中最為人所知的就是點心了，這種少量多樣的菜式很像西班牙的 tapas。

　　但法國和香港的餐館在空間、服務、衛生和付賬方式上有很大不同。法國的生活節奏比香港慢，到了週末人們會再放慢腳步，慢慢享受午餐或晚餐。如果是婚宴，那時間會更長，人們還會跳舞到天明。在香港，宴會之前人們一般會聊天，或者打麻將、拍照，宴會一般到晚上 11 點就結束了。

　　在法國餐廳，顧客就坐後要等服務員來點餐，而不是主動召喚服務員，有時需要等上一段時間。服務員過來會先問顧客要喝甚麼。如果你點了水，那他們會給你一支收費的瓶裝水；但如果你不指定要瓶裝水，而是點「carafe」，那就是自來水，這是免費的。在香港，一般是顧客一就坐服務員就來了。顧客們，尤其是女顧客，喜歡點熱水。

　　大排檔和茶餐廳是香港的特色。當然其乾淨程度和餐廳有

差距，因此習慣了餐廳一塵不染的食客當看到大排檔隨處可見的杯盤狼藉，估計會被嚇壞。

結賬時，香港人以手勢示意服務員，在法國這樣做是不禮貌的，而只能用眼神意會服務員，讓他／她知道你有需要，就會過來，然後你再說要結賬。

野餐

　　法國人喜愛野餐，尤其是夏天。有些野餐，比如家庭年度聚會「cousinade」，或與鄰里的聚會，需要提前很久就準備。如果是較多街坊鄰里聚餐，大家會將自己的私家路都封鎖，在路上擺上桌椅。住在這一街區的人們可以用街區的公共入口。但我家所在的村莊從未舉行過這類聚會，因此我從未有機會參加這樣的鄰里野餐。

　　和一大羣人野餐既經濟實惠又可增進大家感情。每家人只需帶些食材大家一起分享。有些菜式簡單，但如果你想要贏得大家的讚許的話，可以準備一些「進階版」菜餚，比如在簡單的米飯沙律中加入吞拿魚。順便一說，我從未做過米飯沙律，因為我丈夫不喜歡冷的米飯。雖然中國人有多種做米飯的花樣，但冷米飯入菜我卻從未有機會做過。

　　我還記得小時候每逢暑假和父母去度假時在路上的野餐。我們一般就在田間或林邊停歇，然後活動活動筋骨，隨意吃些東西。這樣很好，因為如果要帶上三個小孩去餐館，那不僅麻煩而且花費不菲。

其實在途中要找到一個合適的停歇的地方也不容易，有時我父親開車太快，開過了我母親看到的一個好地方，這時我們小孩子能感受到車裏氣氛有些緊張。有時發現一處卻已經被人搶佔。開得越久我們越餓，當最終找到一個地方時，我們急不及待地下車幫忙把野餐墊和摺椅打開，我母親在草地上鋪上紅白格子的餐布，從野餐籃拿出準備好的食物。我們用的是可循環使用的塑膠盤子和杯子、不銹鋼刀叉和麻質餐巾。我們還有一個小鹽瓶和一個胡椒研磨器，這已算是設備很齊全了。我母親通常準備一大份尼蘇亞斯沙律（niçoise salad），這道沙律有番茄、煮雞蛋、吞拿魚以及沙甸魚，這樣就算得上一頓全餐了。之前說的米飯沙律也是尼蘇亞斯沙律的一種。除了沙律，我們還會自帶肉類冷盤，比如火腿或香腸，我們還從村裏的麵包店買了麵包搭配芝士吃。正餐之後我們再吃一些沿途買到的農家新鮮水果，我父親則喝他裝在保溫瓶的自製咖啡。

我還記得有年五月的公眾假期，我父母又用了幾天自己的年假，這樣連週末就有好幾天時間，於是我父母便帶上我們並約上幾個朋友去維埃納以南60公里的阿爾代什河（Ardèche River）划艇。這艇是二戰時的軍用充氣艇，戰爭結束後被賣給了大眾作為休閒娛樂。我們通常一大早便順流前行，回途上在一個麵包店買麵包。

因為船上空間有限，我們帶的野餐自然也很簡單，僅蕃茄、水煮蛋以及水果而已，並將其放在一個大塑膠箱子避免進水。船上沒法再放冰盒，因此需要低溫保存的食物，比如鹹

撻，沙律或芝士等便沒法帶來，尤其是芝士，因其一旦融化，就會讓其他食物的味道混雜在一起。

我所經歷的大部分野餐都很簡單，主要都是外出遊玩，比如釣魚、採蘑菇等活動。野餐最重要的食材就是麵包了，麵包是搭配肉類或芝士的必備品。雖然有人說麵包卡路里高，吃多不健康，但也有很多人，比如我，很難抵禦麵包的魅力。

法國這種野餐在香港並沒有那麼流行，香港人喜歡吃現做的熱食，因為他們認為加熱的食物讓人有飽腹感而且更健康。室外燒烤頗受香港人喜愛，尤其是在秋冬季節天氣涼爽時，有很多戶外場地都可以燒烤。香港人通常是在燒烤野餐當天才去買燒烤的食材和工具。

買到的肉類食材普遍都是醃製好的，此外還有香腸、海鮮、魚蛋等，他們還會買一瓶蜂蜜（配上刷子），這是專門用來刷在食材上增加風味的。燒烤時，每個人都會有一根長的金屬叉，大家就用它來叉烤食物。素菜類，比如粟米、蘑菇、蕃薯等都用錫箔紙包好放在烤架上讓其慢慢烤熟。小孩們最喜歡烤棉花糖。

準備燒烤的過程也是社交的過程，雖然穿肉串會把手弄髒，但大家都不介意；在法國則不然，食物都是事先準備好，不必將手再次弄髒。法國人似乎也更講究舒適，因此大家野餐會帶上餐墊和折疊椅。

在香港燒烤過後收拾工作倒不難，那些金屬烤架和叉子可以直接丟棄在最近的公用垃圾桶。

麵包

　　麵包對我們法國人來說太重要了，雖然它看起來那麼不起眼。因為吃過太多麵包，法國人自然對麵包的質量和口感很挑剔。不同麵包店的口感有差別，因此幾乎每個家庭都有自己鍾愛的麵包店。法國人都買新鮮麵包，可以吃多少便買多少。

　　我從小就被教育不要浪費食物，自己的盤中餐都得吃完，哪怕剩的只是一小塊麵包。當我覺得無所謂時，我母親便說「你是沒有經歷過戰爭」，我無法想象戰爭時期有多艱難，但既然我母親那麼嚴肅，我也就不再爭辯了。

　　有些人把麵包放進冰櫃，這樣隨時都可以吃，不用擔心沒有「主食」。現在有些麵包店前有自動販賣機，當麵包店午休時（一般是十二點到兩點），人們可以通過販賣機購買。在一些沒有麵包店的小村莊，人們也可以在自動販賣機買麵包。

　　雖然近年來全麥麵包日趨流行，但傳統的法式長包（baguette）依然最受歡迎。雖說法國是公認的自由經濟，但自 1789 年麵包短缺之後政府便規定麵包價格不得改變，這一直持續到 1986 年。到 2015 年時，市政會規定麵包店店主在

七、八月的某一週末可以休假，因為如果都休假，那就又會麵包短缺了。

　　法國的小孩大概從六個月大就開始吃麵包，這時家長會給他們一些麵包屑讓剛開始長牙的嬰兒練習咀嚼。法國俗語也說「掙麵包」，意思是工作掙錢。我們也說「咬碎麵包屑」（casser la croûte）來表示吃零食或三文治。

　　麵包出現在法國人的一日三餐中，早餐我們一般吃吐司，中午和晚上都以麵包佐餐。順便說一下，和香港人不同，法國人其實不喜歡用牛油抹麵包，我們只有早餐的時候會用牛油抹吐司。

　　我剛來香港時，便讓自己盡快適應用米飯來代替麵包。在法國我們可以用麵包沾乾盤裏的醬汁，小孩也被允許用麵包輔

法國人喜愛買了麵包後隨即掰一小塊邊走邊吃

有一次我姐姐未將她買的幾根法國長包在自行車後座綁好，結果途中繩子鬆了，麵包掉在地上

雖然得等相當長時間，但自製的朱古力熔漿既軟且暖，味道遠勝一方塊一方塊的朱古力，那麼美味的回報，等多久也值得！

一年一度的水上長矛角逐比賽舉行期間，義工們會烤香腸，配以法國長包和黃芥末醬

助將食物放在叉子上。但到了香港，我得學會用筷子吃米飯。雖然我愛吃麵包，但奈何我香港的家附近沒有十分地道的法國麵包店，如果去遠的地方買法棍存起來，又沒法將其保存太久。我還記得當年和我丈夫看望我婆婆之後，在回家的路上我會買些麵包，雖然我已酒足飯飽，但還是掰一小塊邊走邊吃，這點讓我丈夫不太開心，他說路人會覺得他沒能讓自己的太太吃飽飯，所以她只好吃麵包。但在法國，大家從麵包店買了麵包之後，掰一小塊邊走邊吃是很正常的。

法國人還有一些習慣也讓外國人覺得奇怪。比如我們買了麵包後將其夾在胳膊下帶回家（有時候法國的麵包會很大），回家我們直接把麵包放在桌布上而不是盤子裏。外國人嘲笑法國人不講衛生，其實沒錯。法國的麵包從麵包店被賣出，有時被放在車的座位上，有時放在車的後窗台板上，有時放在櫥櫃，這些過程可能都會讓麵包表面沾上灰塵。現在麵包店的店主通常會用紙袋裝麵包或者用紙包裏。有些顧客像我母親會自帶一個袋子裝麵包，我母親的袋子是她自己手工做的，大小可以放進幾個法式長包。這樣的袋子很方便，不然就會像我姐姐那樣，把幾根法式長包用繩子綁起來，夾在單車後座，結果途中繩子鬆了，法式長包掉一地。她把它們撿起來後，回到家居然沒跟我們說這些麵包之前跌落在馬路上，不知沾了多少灰塵！

我家有一個專門存放麵包的容器，由紅白塑膠條相間編織，配有一個鉸鏈蓋子和手柄。很多法國人家裏都有裝麵包或法式長包的容器，如今很多櫥櫃都有內置的存放麵包的容器。

法式吐司

　　雖然法國人盡量把一餐的東西吃完，但有時還是會有剩餘的情況。通常這時我母親會用隔夜的麵包做一道名為「失落的麵包」的甜點（pain perdu）。而這道做法簡單看着也不精緻的點心，卻有一個大家更為熟知的英文名字「French Toast」（法式吐司）。做法就是將吐司浸在牛奶雞蛋的混合溶液中，再用牛油煎，最後撒上砂糖。在香港人們稱之為「西多士」。香港人改良的西多士中間有一層花生醬，煎好後上面放一塊牛油，借着吐司的溫度讓牛油融化，然後再淋上糖漿。現在的法式吐司當然不一定要用隔夜的麵包來做，很多人選用新鮮的奶油蛋卷麵包（brioche）。

巧克力熔漿麵包

　　我十歲那年，母親做了一個靜脈曲張手術，因為需要靜養，我被送到我父親一個同事家住了幾天。在那裏，我學會了製作一款巧克力熔漿麵包。

　　他同事一家四口住在農場，他們有兩個比我大些的女兒。這位丈夫上班是輪班制，所以他不上班的時候他可以幫他太太幹些農活。他們家的廚房沒有貼磁磚，儘管太太勤於打掃，但看起來總是髒髒的。有時廚房會有腥臭味，我猜可能來自他們養的家禽的糞便氣味。他們家養的鳥可以在家裏自由飛，鳥兒們時常會飛到廚房找麵包屑吃。

　　我已不記得在他家生活的那幾天早上都做了甚麼，但對下午的活動倒是記憶猶新。午餐之後，我和他家的小女兒把羊牽到草地吃草，我們便坐在草地等着，我一般看書或編織些甚麼東西。這個小姐姐一直在看時尚雜誌，可能覺得我太小跟我沒有共同語言，所以她不怎麼和我講話。他家的大女兒從不參與這些農活，我感覺她似乎不怎麼喜歡鄉村生活。

　　兩小時後，我們牽羊回家。牧羊犬忙前忙後，確保羊羣不

會走散。順利把羊帶回羊棚後，我們便到房裏休息。這時主人家給我端來一杯檸檬水，一大片麵包，一小塊朱古力。

很奇怪的是他們的小女兒不會馬上吃掉朱古力和麵包，而是讓我學着她做。她將朱古力放到麵包上，再把麵包放到乾淨的牆角，等着陽光把朱古力曬化。雖然得等蠻長時間，但融化的朱古力還是微溫，配着麵包就是一款美味的「朱古力熔漿麵包」！接下來的幾天我們都這麼吃，我還找到一個更好的地方，可以加快朱古力融化，不過這都得看那天的陽光是否夠強烈。我們自製的朱古力熔漿麵包，雖然不及市面賣的有榛子碎的朱古力醬好吃，但我已經很滿足。這款朱古力的上面有不同動物，我還記得我吃的那款的包裝上印有小馬駒。很多家長為了幫孩子收集這些圖畫，還專門買了相冊。

麵包配肉

　　法國人，尤其是做體力勞動的農民或工人，喜歡在小吃時間吃麵包配冷切肉類，可以飽腹。我的外祖父就是如此。他是郵差，每天要騎自行車四十多公里到三個村莊送信。他每天很早出發，一般到上午九點就得加餐，這時他會吃一片麵包配煙肉。如今法國的郵差都開車送信了，少了體力勞動，也就不需要那麼豐富的小吃了。

　　即使我的外祖父已退休多年，他依然吃着當年送信的「小吃」（casse-croûte，字面意思為「敲掉外殼」）。每次我去探望他，他都會讓我嚐麵包配煙肉。他用那把伴隨他多年的「奧皮尼」（Opinel）木柄小刀來切肉和麵包，這個小刀還有一個防止刀片滑動的金屬環。

麵包配芝士

　　麵包和芝士也是絕配，法國家庭也總是會確保家裏有足夠的麵包和芝士。芝士對法國人來說非常重要，我們無論吃甚麼都要配點芝士。我小時候常聽大人們説「肚子裏總要給芝士留點空間」，這是因為芝士可以中和過多的胃酸。當年想到要搬去香港可能吃不到芝士我便覺得很難受。去香港之前有一次我和仁在巴黎的唐人街看到那種嫩嫩的白色方塊，非常高興，心想中國人也吃芝士的，這下我就不用擔心在香港沒有芝士了。但馬上我發現自己高興得太早，仁告訴我那不是芝士而是一種叫「豆腐」的東西。不得不説一開始我一點也不喜歡豆腐，覺得它口味寡淡。後來我在香港吃羊腩煲時發現了腐乳，吃起來竟有點藍紋芝士的感覺。從那時起，我的冰箱裏總有一罐腐乳，或用來炒通菜，或者抹在我自製的全麥免揉麵包上。

三文治

　　要說法國人吃得比麵包還多的那就要數三文治了。三文治對法國人的重要就如雲吞麵之於香港人。現在三文治的餡料多得讓人難以選擇，但我最喜愛的還是最簡單的——麵包配傳統火腿和牛油。

　　在香港現在也能吃到很好的三文治。不過 Merguez 三文治我從未在香港看到。Merguez 來自北非，是以羊肉或者牛肉做成的辣香腸，烤腸的香味總讓我想到小時候的家庭燒烤，或者當年法國一些體育活動現場烤香腸飄出很遠也能聞到的香氣。法國的這些體育活動一般在夏季，各體育協會一邊慶賀賽季結束，一邊為之後的體育活動籌款。

　　讓我記憶猶新的是我父母所在的村莊一年一度的水上長矛角逐運動，有點類似中國的龍舟大賽。這項運動自古就有，傳說當時是為了取悅國王而發明，1980 年被歸為正式的體育賽事。雖然都是船上運動，賽龍舟比的是速度，而法國這項運動是角逐雙方各持長矛站在兩艘船尾，並用矛攻擊對方，誰先掉進水裏則輸 。比賽當天河岸有樂隊奏樂，音樂也隨着比賽

的節奏有緩急變化。

　　每次這樣的活動現場會有很多志願者烤 Merguez 香腸，配以法棍和黃芥末醬。賣烤腸三文治的收入都用於體育協會舉辦活動的開支。而賣食物的地方因為有蔭涼，吸引很多觀眾稍作避暑，因此烤腸生意都很好。

　　剛來香港的時候，我很想念 Merguez 辣香腸。有一天聽說香港有家專門賣外國食材的超市，我趕快跑去買了。但又發現，雖然吃到了想念已久的香腸，然而仍然覺得缺了甚麼，我才發覺我更多想念的是當年村裏夏日賽事的熱鬧，這也是跟我在香港吃着許多從法國帶回來的食物，感覺依舊和在法國吃它們不同一樣吧。

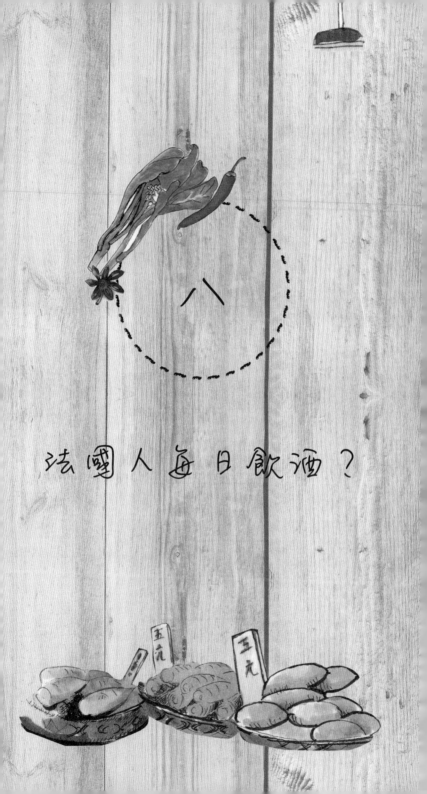

八

法國人每日飲酒？

不用多說飲酒在法國歷史悠久，而且法國也有自己的酒文化。中國人當然也有自己的酒文化。法國的酒多為葡萄酒，而中國的酒以穀物釀製。

有人覺得法國人每天都在喝酒，其實大部分法國人是在週末聚會時才喝酒，也有一些人每天吃飯時會小酌一杯佐餐。據統計，只有 13% 的法國人每天喝酒，每週至少喝一次酒的人佔一半左右。

有人說在法國一杯酒比一杯咖啡還便宜，這也不假。比如在餐廳點一杯十毫升的勃艮第阿里高特白葡萄酒（Burgundy aligoté）只要一歐元，而一杯意式濃縮咖啡則要 1.2 歐元。在法國最常見的餐前開胃酒是基爾酒（Kir），它是一款結合了勃艮第阿里高特和黑加侖利口酒的雞尾酒，最便宜的基爾酒一瓶只要六歐元。但很多人願意喝口味更好的酒，自然價錢就高過咖啡了。基爾酒的升級版有很多，比如皇家基爾（Kir royal）就是以香檳代替阿里高特酒。

在法國小孩也喝酒嗎？以前，青少年可以在家庭聚會或節日聚餐喝一些加水稀釋的酒，法國人並不覺得小孩喝酒有是非之分，這只是一種傳統而已。1956 年以前，學校食堂也提供酒。那年以後，才出了新規定禁止學校食堂給 14 歲及以下的學生提供酒。1980 年 9 月以後，這項禁令延伸到高中生 。如今我們不再聽說父母在嬰兒奶瓶中加幾滴酒的荒謬事情，法國小孩基本都喝水，在家庭聚餐中，小孩也只是喝水，甚至連喝汽水都很少見。

法國人家裏都有藏滿好酒的酒窖嗎？當然不是，但很多法國人的家裏是會存些酒（既是自己喝也可以送朋友），有大約四分之一的法國家庭有專門存放酒的冰櫃，那種以好酒為投資的法國人其實只佔很少比例。

我第一次在香港赴婚宴時看見香港人竟然用可樂混白蘭地，這簡直是浪費白蘭地啊！近三十年來白蘭地的銷量急劇下降，而葡萄酒卻越來越受歡迎。在法國，因為對酒駕的處罰非常嚴厲，所以人們盡量不喝烈酒。越來越多的法國人喝完咖啡之後也不會再喝一杯「消化酒」，主要也是怕被罰酒駕。

現在很多香港人都熟知葡萄酒及其釀製，很多人都到法國參觀過酒莊。我家鄉所在的羅納河谷地區也盛產葡萄酒，名氣卻不及波爾多和勃艮第地區。在羅納河谷，主要釀酒的葡萄是生長在河谷陡峭山坡的西拉葡萄（Syrah）和維歐尼葡萄（Viognier），因此這裏出產兩種擁有原產地命名控制（AOC）的葡萄酒——羅第丘（Côte-Rôtie）及孔德里約（Condrieu）。

如今，有機酒在法國日趨流行，到 2016 年，有 9% 的酒莊生產有機酒，其中的三分之一產自法國南部的朗格多克─魯西勇地區（Languedoc-Roussillon），有六分之一的法國人現在選擇喝有機酒（來源：Agence bio）。

當我 1986 年到香港時，超市售賣的酒的品種非常有限，我記得那時有葡萄牙出產的玫瑰香檳葡萄酒馬刁士（Mateus），以及木桐嘉棣波爾多乾紅（Mouton-Cadet red

Bordeaux），後者當年賣港幣 99 元，現在是港幣 170 元。我還記得當年超市在 11 月 3 日做促銷貼的廣告「新釀博若萊葡萄酒」（Le Beaujolais nouveau est arrivé!），這一天是法國官方規定的博若萊葡萄酒全球發售的日子。博若萊葡萄酒是勃艮第產的一種紅酒，其發酵時間只有短短幾週。現在香港有很多專門賣酒的零售店或網店售賣全世界的酒，品酒會所盛行，飲酒的香港人數量也超過了以往。

九

飲食「變調」

我在香港吃到的蕃茄和紅蘿蔔不如法國的甜，這當然也是因為水土和氣候不同而形成的差別。

1986年剛來香港時我很想念法國的生菜。和父母住在一起時，我們的午餐前菜就是種在自家院子的生菜，那種生菜有捲曲的或是寬大的葉子，我通常搭配核桃或者格呂耶爾芝士（Gruyère cheese），這種法國生菜在香港卻找不到。我愛吃的一種雜菜沙律（mesclun）在香港也沒有，這種雜菜只要加少許芥末醋汁就很美味了。另外我們在法國會以蒲公英入菜，而香港人卻不食蒲公英，除非藥用。我父母家的院子裏就有很多野生蒲公英，最佳的採摘季節是春天，這時的蒲公英清香不帶苦味。我們將其和鳳尾魚及溏心蛋拌在一起吃，也能將其配搭家禽肝臟或者禽腎來煎炒。

在法國常見的生菜就有二十種左右，但在香港我卻只看到過玻璃生菜（iceberg lettuce應該算是最接近法國的巴塔維亞生菜）以及唐生菜。玻璃生菜，香港人稱之為西生菜，因為口感爽脆，可用來快炒或者包裹肉末等食材一起吃，唐生菜除了快炒也可用來煲粥、入湯，但加熱後看似枯萎的菜葉總讓我想起從前在法國學校食堂讓我望而生畏的一道法國甜豆「à la française」。

初來香港讓我非常想念的還有我母親做的韭蔥馬鈴薯湯。中式韭菜比較纖細，看着像蔥，不適合做西式濃湯。韭蔥馬鈴薯湯是一道經典法餐，有很多版本，比如維西忌廉冷湯（Vichyssoise），就是以韭蔥薯蓉做底，加入雞湯、洋蔥和

忌廉。因為我們每晚都要喝湯，我母親於是自創了更健康的版本，即加入了蒜和自種的各種香草。還得提一句，除了入湯，韭蔥還可以用作火上鍋（pot-au-feu）的食材，或加入白汁焗烤，也可以以大蒜配芥末汁為前菜。

當然我想念的還有法國的馬鈴薯。我愛吃的有橄欖油炒小馬鈴薯配蕃茜碎和蒜蓉，這道菜我們通常在夏天吃。還有一種在法國常見的食材在香港至今未見——刺苞菜薊（cardoon）。這種菜類似洋薊（artichoke），最初見於地中海地區，後來以里昂為「家鄉」。每株刺苞菜薊重約六到八公斤，它的稈呈白色，類似牛皮菜稈，葉子則更長，呈現銀灰色且有刺，它的價錢通常是牛皮菜的兩倍。其培育方式類似韭黃，因為避光，所以植株發白。可以入菜的部分是它的莖，可以炒着吃，但最佳做法是加入孔德芝士（Comté）碎焗烤。我母親會照里昂食譜再加一些骨髓，稱之為「調情」（amourettes），這個法語詞也有「轉瞬即逝的浪漫」之意。因刺苞菜薊很難處理而且其汁水會將手染黑，所以法國市集售賣它時通常已經切片並穿成串。為了保持其莖稈潔白，人們會用水加牛奶清洗。有些廚師還會在煮它的水中再加入牛奶。意大利人喜歡用刺苞菜薊蘸他們的熱蘸醬（Bagna cauda），其底料既非油，也非高湯或芝士，這是一種用大蒜、醃漬鳳尾魚和奶油熬煮的蘸醬。吃的時候為了保溫通常會用蠟燭加熱盛裝醬汁的容器，人們直接用刺苞菜薊的莖稈蘸着醬吃。當然，如果再多加幾種蔬菜，這就算是一道正餐了。

十

替代與融合

法國和中國都是美食大國，兩國美食各有千秋，有時也有相似之處，我吃過的幾樣中餐，比如水晶餚肉（鎮江餚肉）就與法國的豬頭芝士（headcheese）有異曲同工之妙。後者其實並非芝士，而是將豬頭肉包括豬耳和豬脷加蔬菜和小牛膝肉切碎熬煮，牛膝中大量的膠質可以讓所有食材凝成肉凍。

　　我在法國時也曾做過簡單的中餐，即放入一些雲耳以增「異域風味」，或者以醬油和蠔油調味。當時還是我男友的仁還在大學宿舍試圖以「冬菇炆雞」來博取我的青睞，希望增加讓我去香港的「籌碼」，而我也必須說，美食對愛確實有促進作用。

　　到了香港，我依然習慣用蒜、橄欖油以及從我父母院子裏採來的月桂葉、百里香等各種香草入菜，使其具有一絲普羅旺斯風味。夏季的佛手瓜、絲瓜可以和蕃茄及茄子炆煮，這便是中式「普羅旺斯雜燴」（ratatouille）。我一般是將瓜用蒜和橄欖油炒香，再加入月桂葉和百里香炆煮。白菜也可以用快炒瑞士甜菜的方式來做，先將白菜稈炒軟，再加入切碎的白菜葉和嫩滑的蛋餅。

　　在法國，烤釀翠玉瓜或者蕃茄是受歡迎的夏季美食，同樣，在香港人們也將肉碎、蒜蓉及麵包屑或者米飯填入苦瓜、冬瓜、絲瓜或老鼠瓜並烤熟，有時餡料中也加入雞蛋以增加嫩滑的口感。各種瓜類還可以用作油炸，先將瓜切片，裹上調好味的麵粉漿，再蘸一層蛋液和麵包屑，最後油炸，這種做法意大利人用得很多。此外，他們也用這種方法油炸蘑菇、

小胡瓜和肉類，比如誰能抵抗意式吉列小牛排（breaded veal chops）的美味呢？

最近我接受香港一檔電視節目訪問，為此我在節目的前一天得做好著名粵菜鹹魚茄子煲，並在節目當天介紹這道菜的原材料，但我自己的版本不是用鹹魚而是用新鮮的鳳尾魚，因為我丈夫，還有許多其他中國人，都覺得多吃鹹魚對健康不宜。我還記得我初嘗鹹魚，真的就感覺是在吃一塊鹽。當然，鹹魚，就像韓國泡菜，倒是下飯的好物。和許多生活在沿海地區的中國人一樣，我的婆婆很喜歡用鹹魚來增味，比如她煮米飯時就在電飯煲裏放一塊鹹魚，讓沒有滋味的米飯增加些鹹鮮。

我其實不懂怎麼挑選鹹魚。我去過的大埔墟街市的乾貨舖老闆說她的鹹魚進口自孟加拉，她說從魚鱗的狀況可以看出魚剛被捕到還是活的時候就被直接裹上鹽曬乾做成了鹹魚，因此這樣的鹹魚口感最好。但我覺得這魚實在太可憐了。不過她既然對質素那麼有信心，我也就被說服買了一條。想知道鹹魚的氣味有多大嗎？我裝魚的環保袋被染上的氣味足以證明了。

十一

與食物相關的慣用語

法語中有很多與食物相關的慣用語，舉一些例子：

1. 「Occupe-toi de tes oignons」
   字面義「管好你的洋蔥」/ 引伸義「少管閒事」

2. 「Les carottes sont cuites」
   字面義「蘿蔔已熟」/ 引伸義「等着承擔後果吧」

3. 「Faire le poireau」
   字面義「去地裏拔韭菜」/ 引伸義「四處閒逛」

4. 「En faire tout un fromage」
   字面義「搞出一整塊芝士」/ 引伸義「小題大做」

5. 「Espèce de patate」
   字面義「馬鈴薯的一種」/ 引伸義「你個傻瓜」

6. 「Recevoir une chataîgne」
   字面義 「收到一顆栗子」/ 引伸義「受到打擊」

7. 「Racontez des salades 」
   字面義「講沙律」/ 引伸義「撒謊」

8. 「Ce film était un navet」
   字面義「這部電影是個蘿蔔」/ 引伸義「這部電影很糟」

9. 「La cerise sur le gâteau」
   字面義「蛋糕上的櫻桃」/ 引伸義「錦上添花」

10. 「Avoir la cerise」
    字面義「得了櫻桃」/ 引伸義「運氣不佳」

11. 「Ne plus avoir un radis」
    字面義「一個蘿蔔都不剩」/ 引伸義「不名一文」

12.「Prendre quelqu'un pour une poire」

字面義「把某人當成梨」/ 引伸義「把某人當傻瓜」

13.「Etre dans les pommes cuites」

字面義「身處煮熟的蘋果中」/ 引伸義「精疲力盡」

14.「C'est pour ma pomme」

字面義「給我的蘋果」/ 引伸義「算我的（但並非心甘情願）」

15.「Tomber dans les pommes」

字面義「跌落在蘋果中」/ 引伸義「暈倒」

16.「Travailler pour des prunes」

字面義「為梅乾工作」/ 引伸義「徒勞」

17.「Bouts de chou」

字面義「卷心菜頭」/ 引伸義「小孩子」

18.「Bête comme chou」

字面義「傻得像卷心菜」/ 引伸義「太傻」

19.「Courir sur le haricot」

字面義「在豆子上跑」/ 引伸義「讓人惱怒」

20.「Avoir un cœur d'artichaut」

字面義「一顆如洋薊般的心」/ 引伸義「水性楊花，朝三暮四」

21.「Avoir le melon」

字面義「有甜瓜」/ 引伸義「過於自信」

22.「Par-dessus le marché

字面義「交易頂端」/ 引伸義「討到好價錢」

在香港，很多慣用語也和食物有關，比如：

1. 「去飲茶」：這就如同西方人説「我打電話給你」。第一次聽到這句話，是我丈夫的同學對我説，我信以為真，一直等他們約我們去飲茶吃點心。後來我才知道，除非人家説了具體日期，不然「去飲茶」只是一種結束談話的方式，好比「再見」。

2. 「吃了嗎？」：最初聽到這句話是在我工作的地方，一位保安人員問我，我記得那時已經是下午三點多了，對她問我吃了午餐沒有覺得非常奇怪，我回答説「當然吃了啊，已經三點多了」。後來我才知道，「吃了嗎」只是一個問候語，意思為「你好嗎？」

3. 「煲電話粥」：意思是打很長時間電話。

4. 食豆腐：意思為佔人便宜（尤其指佔女人便宜）。呃鬼食豆腐：字面意思為騙鬼吃豆腐，引伸義為不可靠不可信的事。

5. 被人食檸檬：意思為被人拒絕。

6. 食叉燒：指簡單工作。

7. 食蕉：叫人「滾開」。

十二

衛巿特色小結

全香港 180 間左右的街市，有 74 間由食物環境衛生署管理經營。在過去的三十年內，我們多次搬家，我也自然熟知家所在的不同區域的街市。

我喜歡逛那些排列在通往中環狹長道路上的街市，喜歡北角的春秧街市，有軌電車剛好從其中開過，別有一番味道；喜歡石硤尾南山邨的街市，雖然很小、很黑而且顯得亂糟糟，但充滿生活氣息；喜歡旺角奶路臣街、亞皆老街、新填地街的街市，還有沙田的室內街市、大埔的富善街街市以及政府所有的街市。盡管我有機會便會嘗試新的街市，但因為後來家住大埔，所以現在基本就在大埔的街市購物，加上這些街市食材豐富，購物環境優良，逛街市便更是愉悅的體驗了。

下面我列了一些我自己熟知並覺得值得一去的街市：

街市

港島

1. 中環：中環的嘉咸街街市是香港最老的街市之一，它已有 160 多年的歷史，且至今依然在運營，如今也成了熱門景點。因為這個地區的重新規劃，當年許多位於嘉咸街與結志街交匯處的攤檔，都搬入了室內。從前那些位於既斜且狹長的行人專用區的攤檔，如今被換成了統一的金屬亭，很像那種英式的報刊雜貨亭或是旺角花園街的攤檔。

2. 灣仔：灣仔道從前有很多小販攤檔，如今大多都遷入了一棟市政大樓，街市在皇后大道東和交加街各有一個入口。現在灣仔道、太和街和石水渠街都有一些類似街市形式的店舖，這些店舖，比如交加街街市、寶靈頓街市，通常還會將店面延伸到行人區。

3. 北角：這裏最有名的是春秧街街市。但它並不位於行人區，因此電車和其他車輛可以從其正中經過。許多攤販將貨攤擺在馬路上，於是可以看到電車駛入街市

205

的奇景。街市另一側的攤檔售賣廉價服裝衣飾及日用品。

4. 筲箕灣：這裏的街市就在地鐵站出口，非常方便。雖然很濕滑，但卻是買魚和肉的好去處。

5. 銅鑼灣：這裏有兩處值得推薦，即靠近時代廣場和灣仔的鵝頸橋街市，以及渣甸坊的一個很小的露天街市。

九龍

1. 油麻地：值得一去的有新填地街市及煙廠街街市，後者有車輛駛入。

2. 旺角：奶路臣街及廣東道的街市。另有從亞皆老街北段到山東街南段的街市，有攤檔賣上海蔬菜和萵筍。花園街盡頭有水果攤檔。

3. 黃大仙：距離黃大仙地鐵站步行十分鐘的大成街有室內和室外街市。

新界

1. 大埔：富善街街市建於 1892 年，街道兩邊都有攤檔。

2. 西貢週日街市：這裏可以買到一些附近農場自產的食材。

農墟

1. 糖廠街農墟：每年十一月到二月營業。

2. 藍地及大埔：這裏的街市由新界蔬菜產銷合作社有限
   責任聯合總社管理。

3. 中環的有機農墟。

4. 嘉道理農場暨植物園的有機農墟。

5. 由香港中華基督教青年會管理的有機農墟。

公營室內街市

港島

1. 西灣河：這裏有魚檔 20 間，也有賣清真肉類的攤檔。

2. 上環：這裏有魚檔 52 間，濕貨攤檔 51 間，肉檔 36 間，活禽攤檔 7 間。

3. 鵝頸街市：這裏有售賣清真食材的攤檔。

4. 跑馬地：黃泥涌街市，東西售價偏貴。

九龍

1. 油麻地的甘肅街街市有魚檔 60 間；油麻地另有水果批發市場。

2. 九龍城的街市規模最大，但沒有冷氣。這裏不太好停車，所以附近的居民都步行至此。這裏有 193 間濕貨攤檔，24 間水果攤檔，東西售價偏高，不過這裏可以找到大量東南亞進口的水果，比如榴蓮、芒果、龍眼

等。除此還有一些香港不太容易找到的頗為「時髦」的水果，比如香脆的日本富士蘋果、香甜的葡萄和很大顆的草莓。二十年前我還在這裏買到了方形的日本西瓜。九龍城還有很多正宗的潮州菜及泰菜。

3. 樂富橫頭磡街市就位於地鐵出口，很方便。

4. 紅磡有魚檔 32 間，肉檔 20 間。

5. 深水埗是香港生活成本最低的街區之一，這裏的北河街街市也是最便宜的街市之一。長沙灣保安道街市有水果攤檔 97 間，魚檔 26 間，其他濕活攤檔 142 間。

6. 觀塘牛頭角的街市有 400 多間攤檔。寶塔街市有 43 間攤檔，從 2017 年起這裏可以電子結賬。

7. 黃大仙的大成街街市有水果攤檔 43 間，牛池灣街市有濕貨攤檔 152 間。

新界

1. 荃灣的街市敞亮乾淨，這裏有 152 間濕貨攤檔。

2. 元朗的大橋村街市有魚檔 43 間。

3. 西貢有魚檔 35 間，還有一些「流動」街市，即漁民們直接在漁船上售賣捕撈的海鮮。

4. 沙頭角街市距市區最遠。

5. 位於大埔的大埔墟街市位於市政管理的大樓內，2004

年九月開始營業。這裏有冷氣，食材售價也高。共有 300 多間攤檔，其中魚檔有 65 間，數量居全港街市之最。家禽攤檔 5 間，肉檔 28 間，其他濕貨攤檔 59 間。水果攤檔為數不多，價錢比臨近街道的水果攤檔貴。該處也有賣一些特色食材，比如薑、蒜、鹹魚、中式臘腸臘肉、餃子、意粉、某些植物的根，以及草藥。街市往後走是有機蔬菜攤檔。此外，大埔的大元街市於 1980 年營業，由領展房地產投資信托基金管理經營，2011 年翻新過。這裏有 50 間新鮮食材攤檔，附近還有很多餐廳。

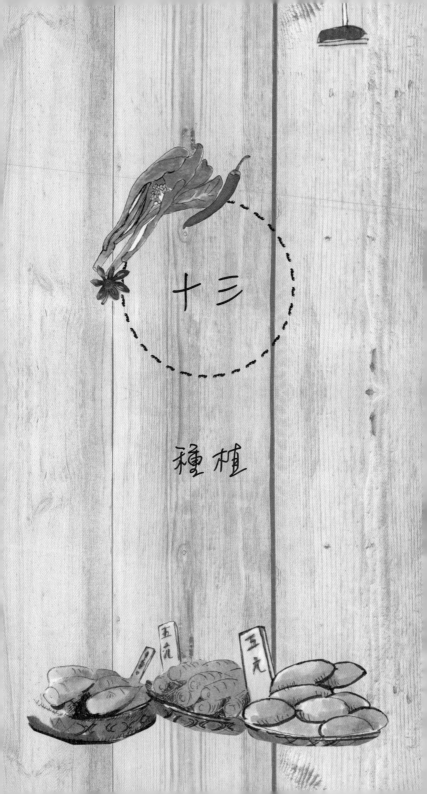

十三

種植

健康飲食少不了新鮮食材，很幸運的是我從小就可以享用自家種植的新鮮蔬果，自己種的食物不但便宜而且都是天然的，我同時也深知種植的辛苦，因而更加珍惜盤中餐。我母親操持所有家務，還要打理菜園，這樣養大了我們三個小孩和我的兩個表親。如今很多住在市區的法國人偏愛到農村租一小塊地種植蔬果，但其實自種在法國早就是平常之事。

　　我十歲那年隨父母搬入了一個寬敞些的並帶有後院的房子。但院子的土壤頗為貧瘠，而且有很多石頭，我們需要清除它們才能開始種植。搬入新房的那個暑假，我和姐姐弟弟都不敢抱怨在家呆着無聊，因為這樣我母親就會分配我們去院子裏撿石頭，這項任務更加枯燥。

　　我們花了幾個月的時間也只是移除了較大的石頭，那些小石頭我們沒法將其全部清除。不過好在這不怎麼影響植物生長，加上我們給地裏施了馬糞，植物長得很好。

　　春天我們可以收穫甜豆、雪豆、小馬鈴薯、蘿蔔、牛皮菜和生菜。夏天我們有四季豆、翠玉瓜、茄子、蕃茄以及各種香草，香草是給夏季菜餚增添風味的必備品，比如做意粉時加入一些蕃茜或羅勒，一道簡單的意粉瞬間就有了地中海風味。秋天我們有紅蘿蔔、韭蔥、白菜、南瓜以及刺苞菜薊。當然，我們的種植不能完全自給自足，有時還是得去市集買其他蔬果。

　　我們還種植了幾排草莓，但我自己不太愛吃草莓，所以不明白香港人何以這般鍾愛草莓，且願意出高價買進口草莓。我家也種了山莓和紅加倫子，這兩樣味道比草莓好多了。我母

親用紅加倫子做了啫喱，非常美味。我家還種了兩棵櫻桃樹。不過我最喜歡的水果（至今如此）是否。從小吃着最新鮮的水果長大，我的口味自然挑剔，如今很多水果因為要運往世界各地，為了讓其在運輸過程中不會過熟，往往它們還未成熟就被採摘，這嚴重影響了水果的味道。

我父親在一家為織布機生產配件的工廠工作，在工廠他是領班，對農活他卻知道甚少。他退休之後才有時間琢磨一些自家菜園的種植之道，並以此為傲。在他退休之前通常是我那位做郵差的外公每週抽幾個上午來幫我家打理菜園，外公很有經驗，知道怎麼按照農曆（以月亮的變化為準）來進行農事。我還記得他用到的術語，以及他如何教我母親根據月亮的盈缺來播種。他還告訴我母親下雨之前要翻翻一排排四季豆之間的土，好讓它們充分吸水。

清理好土地之後，作為「答謝」，我母親給我們幾個小孩每人劃分了一小塊地，讓我們自己種蔬菜，希望以此培養我們對種植的興趣。我母親也是從小就學着種菜，她覺得這是一種值得傳承的技藝。我父母也曾教我的兒子種植。有一年夏天，我帶兒子回法國探親，我們只留下短短三週。我父親給了我兒子一些蘿蔔種子教他播種，這種粉色的小蘿蔔長得很快，三週之內我兒子就吃上了自己種的蘿蔔，而且非常美味！我兒子還了解到馬鈴薯來自地裏，不像蕃茄是長在枝條上。我清楚地記得當他看到我母親從土裏挖出馬鈴薯時吃驚的表情。另外，在城市長大的他之前也不知道牛奶從哪裏來，城市的孩子都以為

牛奶「產自」冰箱或超市。

和成人們一樣，小孩也覺得家裏種植的蔬菜比外面買的好吃，就連那些他們不喜歡的蔬菜，因為是自己種的，他們也覺得好吃了。我姐姐本來不喜歡吃蕃茄，但當她收獲了自己種植的蕃茄，便覺得美味。另一件有趣的事是我父母之前從未想過種植羅馬生菜，但當我弟弟在劃分給他的那一小塊地裏自己種了並得到收獲，我父母很開心，決定也來種一些。

就像現在許多城市居民在屋頂開闢一塊地或者在別處租用一塊地種植一些簡單蔬菜並精心照料一樣，我當年也很用心地照看劃分給我的那一小塊地，雖然這並不簡單，不過能吃到自己種植的新鮮蔬菜，實在是一件樂事。當然，我所種植的都是一些簡單常見的蔬菜。我也會種植一些常年開花的法國蠟菊。我將它們剪下，先將其花朵摘下脫掉水分，再將花束放在花瓶裏用來布置客廳，尤其在缺少陽光的冬天，這些花束為家裏增添了一抹暖色。我還種了些雛菊，這些小花朵生長很快，馬上就蔓延到了我父母的土地。

我母親還在地裏種了各種香草，我很難認全它們。像百里香、迷迭香、鼠尾草既可以入菜，也可以用來泡茶，而馬鞭草和薄荷我們只用來泡茶。我姐姐喜歡烹飪且嘗試不同的菜式，有一次她做了一道菜加入了迷迭香，但我父母嚐出味道有些奇怪，結果才知道我姐姐誤把院子裏的康乃馨葉當成了迷迭香撒進菜裏，幸好康乃馨葉無毒！

有時地裏的馬鈴薯會長金花蟲，我父母用了一種特殊的

混合藥劑來除蟲。我們三個小孩有時也拿一個盒子幫忙撿金花蟲，但我不記得當時我們怎麼處理這些蟲。我父親每年還會給地裏噴一次除雜草的藥，當然這些含有化學物質的藥劑對我們的蔬菜一定會有不好的影響，但因為我們用量少也就沒有太擔心。我們地裏種的蕃茄比蔬菜販子賣的那種大規模種植的蕃茄甜很多，我一直覺得能擁有這麼一塊菜園是一件很幸運的事。

其他種植方式

　　除了城市農場和屋頂農場，如今有了更新的概念，即垂直農場或窗戶農場。這些新的種植方式節省空間，可以就在自家實現，因此越來越受到城市居民的青睞。窗戶農場無需土壤，需要的只是花盆、陶粒輸水石、礦物棉、連接花盆的透水系統以及營養液。市面上可以買到現成種植箱，當然你也可以自己動手做一個農場。如果沒有礦物棉，可以用聚乙烯泡沫代替，而用意其實一樣：自己種、自己吃有機食物！這種系統是否可以變成每位公民的未來菜園，並成為應對氣候變化的一種方法？營養液可以用廚餘、昆蟲糞便（如蚯蚓糞）或異株蕁麻製成。我父母曾將長在我們院子裏的蕁麻浸泡漚成肥水。蕁麻富含氮，而氮是激活堆肥的重要元素，但這肥水非常難聞。後來我父母改用剩餘的蔬菜、果皮和蛋殼作為肥料。

　　水耕栽培是另一種農作方式，它可以在城市或者工業園區內被大規模使用。這些無土水耕園地看着就像一間巨大的實驗室。目前無土水耕在香港日趨流行。植物都在水中培育，農民，或者應該說技術員，用電腦監控植物的生長。如果是

單個家庭採用無土水耕，可以買專門的設備。自然光若不夠，可以用 LED 燈補充光照。比起傳統種植，水耕栽培可以讓植物生長更快、產量更高。此外，種植者們再也無需彎腰勞作，因為植物都垂直陳列在很高的架子上。

水耕栽培也不是盡善盡美。反對者認為以此方式培育的蔬菜味道寡淡，而且這種大規模的栽培搶走了小型傳統農場的生意。不過，在法國水耕栽培在過去幾年日趨壯大，蕃茄是主要作物。

另一種方式叫氣耕，即植物懸掛在封閉或半封閉環境中，通過對其根部噴灑營養液使其生長。

還要提一種方式，即魚菜共生，也叫養耕共生，這是一種結合了水產養殖和水耕栽培的復合養殖。在魚菜共生系統中，含有水生動物糞便的水被輸送到水栽系統，提供給植物必須的水分養料，而經過蔬菜淨化的水可以導回魚池再利用。這種復合方式對技術要求高，所以採用的農場至今不多。我在 2012 年參觀了新界一個剛開始採用魚菜共生方式的農場。目前在香港採用水耕栽培的農場數量少於魚菜共生農場，但前者的產量更高。

我最近還參觀過一個位於新界的菜園，這裏種植蔬菜和各種香草。供其生長的肥料是加糖發酵的植物和野草，肥料通過地下灌溉系統供給植物，這樣土壤也可以越來越有營養。農場還有音樂，所以這些植物都是聽着音樂長大的。

搬入新房後的那個暑假，我要幫忙清除院子裏的石頭

我父親教我的兒子種植小蘿蔔，這些粉紅色的小蘿蔔長得很快，三週之後，我兒子在回港前就吃上了自己種的蘿蔔，他種的蘿蔔是世上最美味的！

在我們的院子裏，我姐姐種了蕃茄，我弟弟種了羅馬生菜，我則喜歡種花，整個院子開滿了我種的小花朵

十四

中英街市詞彙

中英街市詞彙

以下詞彙除中英對照外，還附上廣東話拼音，我採用耶魯粵語拼音，以號碼 1 至 6 來表示六個不同聲調。

註：

漢字常有一字多音，即同一個字有兩個或兩個以上的讀音。用法和詞性不同，讀音往往便不同。

如讀者想查找漢字的廣東話讀音，可參考香港中文大學的網上粵語審音配詞字庫（https://humanum.arts.cuhk.edu.hk/Lexis/lexi-can/）。

重量、特別數字、量詞、錢

英文	廣東話拼音	中文
重量		
1 catty	yat¹ gan¹	一斤
½ catty	bun³ gan¹	半斤
1 ½ catties	gan¹ bun³	斤半
2 ½ catties	leung⁵ gan¹ bun³	兩斤半
1 tael	yat¹ leung²	一兩
1 pound	yat¹ bong⁶	一磅

特別的數字		
2 (used for numbers; e.g. phone number, zip code, etc.)	yi^6	二
2 (used together with nouns; e.g. 2 cabbages)	leung^5	兩
量詞		
1 whole piece of (e.g. cake, bell pepper)	yat^1 go^3 (most common MW)	一個
1 piece of (e.g. a piece of cake)	yat^1 gin^6	一件
1 portion of	yat^1 fan^6	一份
1 bundle of	yat^1 jaat^3	一紮
1 dozen of	yat^1 da^1	一打
1 irregular piece of (e.g. ginger)	yat^1 gau^6	一嚿
1 flat piece of (e.g. pork chop)	yat^1 faai^3	一塊
1 long piece of (e.g. fish, radish)	yat^1 tiu^4	一條
1 head of (e.g. chicken)	Spoken: yat^1 jek^3	一隻
1 bottle of	yat^1 jeun^1	一樽
1 brick of (e.g. tofu)	yat^1 jyun^1	一磚
1 grain/granule of (e.g. red bean)	yat^1 lap^1	一粒
1 slice of	yat^1 pin^3	一片
1 box of	yat^1 hap^6	一盒
1 bag of	yat^1 baau^1	一包
金錢數額		
HK$1	Spoken: yat^1 man^1 Written: yat^1 yun^4	一蚊 一元

HK$1.50	go³ bun³	個半
HK$0.50	ng⁵ hou⁴-ji²	五毫子
How much?	gei² chin²?	幾錢？

肉檔

豬肉

1. Lean pork / sau³-yuk⁶ / 瘦肉

2. Pork brisket belly / jyu¹-naam⁵-yuk⁶ / 豬腩肉

3. Pork belly / ng⁵-fa¹-naam⁵ / 五花腩

4. Pork fillet / jyu¹-lau⁵ / 豬柳

5. Pork chop / jyu¹-pa² / 豬扒

6. Pork shank / jyu¹-jin² / 豬展 （「展」是借字）

7. Pork neck / jyu¹-geng²-yuk⁶ / 豬頸肉

8. Pork cheek / jyu¹-min⁶-yuk⁶ / 豬面肉，有些人稱之為 面珠墩（min6-jyu¹-dan¹）

9. Pork collar butt / mui⁴-tau² / 梅頭

10. Tenderloin (US) or pork fillet (British) / lau⁵-mui² / 柳梅

11. Pork bones / jyu¹-gwat¹ / 豬骨

12. Shoulder blade (meat and bone; excellent for soups) / sai¹-si¹-gwat¹ / 西施骨，宜煲湯。西施 （Sai¹-si¹）是中國四大美人之一。

13. Pork cartilage / jyu¹-yun⁵-gwat¹ / 豬軟骨

14. Pork ribs / paai⁴-gwat¹ / 排骨

15. Spareribs / naam⁵-paai² / 腩排，品質比排骨（paai⁴-gwat¹）更好，飛排（fei¹-paai²）則更好

16. Pork hock / yun^4-tai^4 / 元蹄

17. Pork trotters（前腿）/ jyu^1-sau^2 / 豬手

18. Pork trotters（後腿）/ jyu^1-geuk^3 / 豬腳

19. Pork tongue / jyu^1-lei^6 / 豬脷

20. Pork tail / jyu^1-mei^5 / 豬尾

21. Pork ears / jyu^1-yi^5 / 豬耳

22. Pork snout / jyu^1-bei^6 / 豬鼻

23. Pork liver / jyu^1-yeun^2 / 豬膶

24. Pork intestines / jyu^1-daai^6-cheung^2 / 豬大腸

25. Pork spleen / jyu^1-waang^4-lei^6 / 豬橫脷

26. Pork lungs / jyu^1-fai^3 / 豬肺

牛肉

1. Beef brisket / ngau^4-naam^5 / 牛腩

2. Beef fillet / ngau^4-lau^5 / 牛柳

3. Beef steak / ngau^4-pa^2 / 牛扒

4. Beef tendon / ngau^4-gan^1 / 牛筋

5. Beef shank meat / ngau^4-jin^2 / 牛展

家禽

1. Chicken meat / gai^1-yuk^6 / 雞肉

2. Chicken fillet / gai^1-pa^2 / 雞扒

3. Chicken breast / gai^1-hung^1 / 雞胸

4. Chicken thigh or drumstick / gai¹-bei² / 雞髀

5. Chicken wing / gai¹-yik⁶ / 雞翼

6. Chicken feet / gai¹-genk² / 雞腳

7. Deep fried chicken feet / fung⁶-jaau² / 鳳爪

其他詞彙

在肉檔買肉時常用的詞語

1. Minced / gaau²-seui³ or min⁵-ji⁶ / 攪碎或免治（英文的譯音）

2. Sliced / chit³ pin² / 切片

3. To chop (ribs) / jaam² / 斬

4. Bigger pieces / daai⁶-gau⁶ di¹ / 大嚿啲

5. Smaller pieces / sai³-gau⁶ di¹ / 細嚿啲

6. More fat on the meat / fei⁴ di¹ / 肥啲

7. Less fat on the meat / sau³ di¹ / 瘦啲

8. A little bit fat / siu²-siu² fei⁴ / 少少肥

9. 如可煮法？

   a. For stewing / man¹ ge³ / 炆嘅

   b. For stir-frying / chaau² ge³ / 炒嘅

   c. For steaming / jing¹ ge³ / 蒸嘅

   d. For soup / bou¹-tong¹ ge³ / 煲湯嘅（gwan²-tong¹ ge³ / 滾湯嘅）

   e. For hotpot / da²-bin¹-lou⁴ ge³ / 打邊爐嘅（fo²-wo¹ yung⁶ ge³ / 火焗用嘅）

10. 其他：

    a. Sold out / maai⁶-saai³ / 賣曬

魚檔

海產

1. Mussel / cheng^1-hau^2 / 青口
2. Razor clam / sing^1-ji^2 / 蟶子
3. Clam / hin^2 / 蜆
4. Whelk or sea snail / lo^2 / 螺
5. Scallop / daai^3-ji^2 / 帶子
6. Oyster / hou^4 / 蠔
7. Octopus / baat^3-jaau^2-yu^4 / 八爪魚
8. Squid / yau^4-yu^2 / 魷魚
9. Cuttlefish / mak^6-yu^4 / 墨魚
10. Abalone/ baau^1-yu^4 / 鮑魚
11. Shrimp / haa^1 / 蝦
12. Prawn / daai^6-ha^1 / 大蝦
13. Lobster / lung4-ha^1 / 龍蝦
14. Crab / haai^5 / 蟹
15. Shanghai hairy crab / daai^6-jaap^6-haai^5 / 大閘蟹

鹹水魚

1. Pomfret / chong^1-yu^2 / 鯧魚
2. Giant grouper / lung^4-dan^2 / 龍躉
3. Grouper / sek^6-baan^1 / 石斑
4. Salmon / saam^1-man^4-yu^2 / 三文魚
5. Sole / lung^4-lei^6 / 龍利或龍脷

6. Skate fish / pou^4-yu^4 or pou^1-yu^4 / 鯆魚

7. Devil fish / mo^1-gwai^2-yu^2 / 魔鬼魚

8. Mackerel / gaau^1-yu^2 / 鮫魚

9. Four finger threadfin / ma^5-yau^5-yu^2 / 馬友魚

10. Golden threadfin bream / hung^4-saam^1-yu^2 / 紅衫魚

11. Grey mullet / wu^1-tau^2 / 烏頭

12. Yellow croaker / wong^4-fa^1-yu^2 / 黃花魚

13. Amberjack or yellow tail / si^1-yu^2 / 鰤魚

14. Sea bass or perch / lou^4-yu^2 / 鱸魚

15. Mangrove red snapper / hung^4-yau^2 / 紅友

16. Two-spot red snapper / hung^4-chou^4 / 紅鯈

17. Silver cod / ngan^4-syut^3-yu^2 / 銀鱈魚

18. Marbled rockfish / sek^6-sung^4-yu^2 / 石崇魚（煲湯用）

淡水魚

1. Grass carp / waan^5-yu^2 / 鯇魚

2. Bighead or black silver carp / daai^6-yu^2 / 大魚，其頭部比肉更受歡迎，有些人只買其魚頭

3. Dace or mud carp / leng^4-yu^2 / 鯪魚，多骨，適合攪碎食用

4. Common carp / lei^5-yu^2 / 鯉魚

5. Mandarin fish / gwai^3-fa^1-yu^2 / 桂花魚，這種魚別稱為淡水石斑（taam^5-seui^2 sek^6-baan^1），以區分於鹹水石斑魚種類

6. Japanese eel / baak^6-sin^5 / 白鱔，中餐廳會將其切片

並和黑豆以及蒜放在一起蒸製，在日本餐廳它被稱為
鰻魚（maan⁶-yu⁴）

7. Asian swamp eel / wong⁴-sin⁵ / 黃鱔

其他詞彙

1. Fish / yu² or yu⁴ / 魚

2. Seafood / hoi²-sin¹ / 海鮮

3. Sea products / hoi²-chaan² / 海產

4. Shellfish / bui³-leui⁶ / 貝類

5. Fish scales / yu⁴-leun⁴ / 魚鱗

6. Minced mud carp / leng⁴-yu⁴-yuk⁶ / 鯪魚肉

7. Fish fillet / yu⁴-lau⁵ / 魚柳

8. Sliced fresh fish / yu⁴-pin² / 魚片

9. To pan-fry a fish / jin¹ yu² / 煎魚

10. To steam a fish / jing¹ yu² / 蒸魚

雜貨舖

乾貨

1. Chinese figs / mou⁴-fa¹-gwo² / 無花果

2. Brown or honey dates / mat⁶-jou² / 蜜棗

3. Jujubes or Chinese red dates / hung⁴-jou² / 紅棗

4. Apricot kernels / naam⁴-bak¹-hang⁶ / 南北杏

5. Lotus seeds / lin⁴-ji² / 蓮子

6. Chinese yam / waai⁴-saan¹ / 淮山

7. Gingko nuts / baak⁶-gwo² / 白果

8. Fox nuts or Makhana / chi⁴-sat⁶ / 茨實

9. Chinese pearl barley or Job's tears / yi^3-mai^5 / 薏米

10. Adzuki beans or rice beans / chek^3-siu^2-dau^6 / 赤小豆

11. Red beans / hung^4-dau^2 / 紅豆

12. Mung beans / luk^6-dau^2 / 綠豆

13. Black-eyed peas / mei^4-dau^2 / 眉豆

14. Goji berries / gei^2-ji^2 / 杞子

15. Black Chinese fungus or cloud ear fungus / wan^4-yi^5 / 雲耳

16. Chinese mushroom or dried Shiitake / dung^1-gu^1 / 冬菇

17. Dried shrimps / ha^1-mai^5 / 蝦米

調味料 & 配料

1. Fermented red bean curd / naam^4-yu^5 / 南乳

2. Fermented white bean curd / fu^6-yu^5 / 腐乳

3. Hoisin sauce / hoi^2-sin^1 jeung^3 / 海鮮醬

4. Soy sauce / saang^1-chau^1 or si^6-yau^4 / 生抽或豉油

5. Dark soy sauce / lou^5-chau^1 / 老抽

6. Oyster sauce / hou^4-yau^4 / 蠔油

7. Sesame oil / ma^4-yau^4 / 麻油

8. Fermented black bean / dau^6-si^6 / 豆豉

9. XO sauce/ XO jeung^3 / XO 醬

10. Preserved duck egg or thousand-year-old egg / pei^4-daan^2 / 皮蛋

11. Salted duck egg / haam^4-daan^2 / 鹹蛋

12. Pickled mustard tuber / ja^3-choi^3 / 榨菜

13. Mung bean vermicelli / fan^2-si^1 / 粉絲

豆腐檔

豆類食品

1. Bean curd sheets / fu^6-juk^1 / 腐竹
2. Soybean sticks / ji^1-juk^1 / 枝竹
3. Deep-fried bean curd / dau^6-fu^6-bok^1 / 豆腐卜
4. Dry or pressed bean curd / dau^6-fu^6-gon^1 / 豆腐乾
5. Hard bean curd / ngaang^6 dau^6-fu^6 / 硬豆腐
6. Soft bean curd / yun^5 dau^6-fu^6 / 軟豆腐
7. Mung bean sprouts / nga^4-choi^3-jai^2 or sai^3-dau^2 nga^4-choi^3 / 芽菜仔或細豆芽菜
8. Soybean sprouts / daai^6-dau^2 nga^4-choi^3 / 大豆芽菜

麩類食品

1. Deep-fried gluten ball / saang^1-gan^1 / 生根
2. Gluten (gluten meat) / min^6-gan^1 / 麵筋

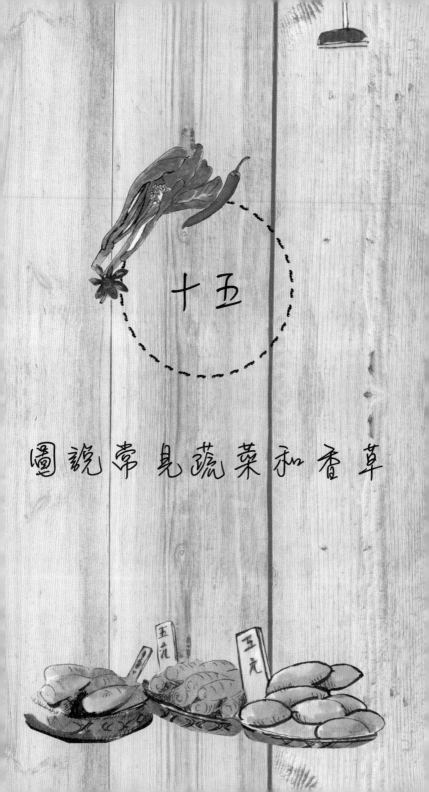

十五

圖說常見蔬菜和香草

葉類蔬菜

1. Chinese flowering cabbage / choi³-sam¹ / 菜心

2. Chinese broccoli or Chinese kale / gaai³-laan² / 芥蘭

3. Bok choy or Chinese white cabbage / baak⁶-choi³ / 白菜

4. Shanghai white cabbage or sow cabbage / siu²-tong⁴-choi³ / 小棠菜

5. Tientsin cabbage or long cabbage / siu⁶-choi³ or wong⁴-nga⁴-baak⁶ / 紹菜或黃芽白

6. Pea shoots / dau⁶-miu⁴ / 豆苗

7. Spinach / bo¹-choi³ / 菠菜

8. Amaranth or Chinese spinach / yin⁶-choi³ / 莧菜

9. Water spinach or morning glory / ung³-choi³ or tung¹-choi³ / 蕹菜或通菜

10. Ceylon spinach or slippery vegetable / saan⁴-choi³ / 潺菜

11. Mustard green (and other types of mustard cabbage) / gaai³-choi³ / 芥菜

12. Mustard cabbage head / baau¹-gaai³-choi³ / 包芥菜

13. Celery / sai¹-kan² / 西芹

14. Chinese celery / kan⁴-choi³ or tong⁴-kan² / 芹菜或唐芹

15. Chinese lettuce / tong⁴ saang¹-choi³ / 唐生菜

16. Indian lettuce or A-choy / yau⁴-mak⁶-choi³ / 油麥菜

17. Garland chrysanthemum / tong⁴-hou¹ / 茼蒿

18. Chinese box thorn or wolfberry / gau²-gei²-choi³ / 枸杞菜

根莖類蔬菜

1. Carrot / hung⁴-lo⁴-baak⁶ / 紅蘿蔔

2. Oriental radish / (baak⁶) lo⁴-baak⁶ / (白)蘿蔔

3. Green oriental radish / cheng¹-lo⁴-baak⁶ / 青蘿蔔

4. Sweet potato / faan¹-syu² / 蕃薯

5. Taro / wu⁶-tau² / 芋頭

6. Lotus root / lin⁴-ngau⁵ / 蓮藕

7. Kohlrabi / gaai³-laan²-tau⁴ / 芥蘭頭

8. Yam bean / sa¹-got³ / 沙葛

9. Kudzu / fan²-got³ / 粉葛

10. Bamboo shoot / juk¹-seun² / 竹筍

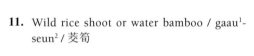

11. Wild rice shoot or water bamboo / gaau¹-seun² / 茭筍

12. Ginger / geung¹ / 薑

13. Arrowhead root / chi⁴-gu¹ / 慈姑或茨菇

瓜類蔬菜

1. Winter melon / dung¹-gwa¹ / 冬瓜

2. Fuzzy melon or hairy melon / jit³-gwa¹ / 節瓜

3. Cucumber / cheng¹-gwa¹ / 青瓜

4. Eggplant / ai²-gwa¹ / 矮瓜 Its dish name is ke²-ji² / 茄子

5. Angled luffa or silk gourd / si¹-gwa¹ or sing³-gwa¹ / 絲瓜或勝瓜

6. Chayote or Buddha's hand melon / fat⁶-sau²-gwa¹ / 佛手瓜

7. Yellow cucumber (old cucumber) / lou⁵-wong⁴-gwa1 / 老黃瓜

8. Bitter melon / fu²-gwa¹ or leung⁴-gwa¹ / 苦瓜 or 涼瓜

9. Bottle gourd / wu⁴-lou⁴-gwa¹ / 胡蘆瓜

10. Sweet or bell pepper / tim⁴-jiu¹ or dang¹-lung⁴-jiu¹ / 甜椒或燈籠椒. If green, it is called cheng¹-tim⁴-jiu¹ / 青甜椒 or luk⁶-sik¹ dang¹-lung⁴-jiu¹ / 綠色燈籠椒

11. Green (pointed) pepper / cheng¹-(jim¹)-jiu¹ / 青(尖)椒(微辣)

豆、菇及其他類

1. Yard-long beans or long beans / dau⁶-gok³ / 豆角

2. Straw mushroom / chou²-gu¹ / 草菇

3. Water caltrop / ling⁴-gok³ / 菱角

4. Chinese water chestnut / ma⁵-tai² / 馬蹄

5. Stem lettuce / wo¹-seun² / 萵筍

6. Chinese chives and flowering chives / gau²-choi³ 韭菜 and gau²-choi³-fa¹ / 韭菜花

香草類

1. Coriander / yim⁴-sai¹ / 芫茜

2. Spring onion / chung¹ / 蔥

3. Blanched Chinese chives / gau²-wong⁴ / 韭黃

4. Chinese star anise / baat³-gok³ / 八角

5. Garlic / syun³-tau⁴ / 蒜頭

6. Chilli pepper / laat⁶-jiu¹ / 辣椒

7. Parsley / faan¹-sai¹ / 蕃茜

結語

　　隨着時間推移，香港和法國的市集都有所改變，但依然保有多年的傳統。

　　在過去三十年，法國市集的衛生狀況改善了許多，有明確的法規規定售賣新鮮食材的攤主需要將貨物存放在有製冷條件的貨櫃車中。法國市集也出於環保嚴格限制使用塑膠購物袋。為了明碼實價，每個攤位都有一目了然的電子秤。此外，越來越多的熟食攤出現在市集，深受年輕人喜愛，這也是配合了在忙碌生活中尋求方便的心態。近年來，售賣有機食材的攤位與日俱增，為追求健康飲食的客人提供了選擇。與過去不同，如今在法國市集禁止售賣活的動物。除了這些變化，法國的市集依然保有傳統的味道，不僅為人們提供生活所需的食材，也是一個休閒社交中心，非常值得一去。法國人喜愛市集的新鮮食材，願意支持本地農業者，賣家買家和諧共生，市集一直都是人們生活不可或缺的部分。

　　在香港，出於衛生和環境考量，一些街市從室外搬到了室內，並有了冷氣。儘管很多街市的設備越來越現代化，但一些

檔主，尤其是蔬果販子，依然使用機械秤秤重。另外，街市中也出現了一些規模比傳統攤檔大，類似商舖的店。這些店裏的東西售價往往比較便宜。和法國一樣，越來越多的有機攤檔在香港街市出現（主要在大的街市）。還有一點值得一提，過去在農曆新年期間，街市全都休業。現在大部分街市年初三之後（有些甚或年初二）便開始營業。

香港的傳統街市都保有從前的風格，但超市越來越西化，超市裏如今可以買到新鮮的魚和肉。

説到衛生，雖然如今有更加嚴格的法規，但比起法國的市集，香港在這方面略遜一籌。很多街市，除了家禽攤檔有所改善（但家禽攤檔依然售賣活禽），看着依然像 80 年代我初來香港那樣。人們依然不環保，用塑膠袋裝食材。

説到食材種類，如今我們可以在許多法國超市買到亞洲食材，從前這些亞洲食材只能在唐人街買到。因此，設想如果現在一個法國女生來到香港，應該不會對那些當年讓我覺得「驚異」的亞洲蔬菜感到陌生了。如今在法國大家可以買到豉油，吃到蠔油白菜等，法國人時不時也嘗試做亞洲菜或者去亞洲餐廳換換口味。同樣，過去三十年間，香港有越來越多的法國食物和法國餐廳，我們現在很容易就可以在香港買到法國芥末、芝士、法式長包和葡萄酒。與此同時，香港還有很多中西合璧的餐廳。

現今養殖技術的提高也讓很多從前「稀罕」的食材變得家常，比如從前在法國人們只有在復活節才有機會吃羊肉，在香

港人們一般只在節假日才吃雞肉，如今羊肉、雞肉早就是尋常食物。有機食材日趨流行，很多新穎的種植方法也開始使用。以這些方式栽種的蔬果據説更加健康和環保，但我們不知道新式農耕會對傳統農業帶來甚麼影響，而新式農耕栽種的蔬果售價普遍較高，又是否人人能負擔得起，我們現在也很難確定。

在香港的這些年，我不僅學會了認識本地食材，也學到了多種烹飪方法，更重要的是，在街市的交流讓我領會了鮮活的本地文化，讓我的廣東話也得以進步，對那些友善而耐心幫我的檔主們，我一直心存感激。

我也希望這本小書能讓大家窺見香港和法國市集的一鱗半爪，以此也可品味香港和法國的飲食文化。儘管文化在不斷推陳出新，但市集依然是傳統文化的載體。

最後，祝願大家能夠在美食的陪伴中享受每一天。

致謝

感謝我的法國好友 Marie-José Pugnet，她與丈夫在法國經營攤檔超過三十多年，謝謝她耐心解答我的問題，並且給了我許多寶貴的資料。

感謝我的母親幫助我回憶孩童時光，謝謝她將傳統價值與文化傳遞給我。

感謝幫助我體驗本地街市和中國食品的香港檔主們以及香港的親友。

也要特別感謝那些我熟識的檔主們的耐心和友好。

感謝我的中文老師湯曉沙女士，以妙筆生花的文字翻譯我的書稿；感謝我的廣東話老師 Ms Tammy Wong，修正書中的粵語拼音；感謝 Ms Doreen Cheng 及 Mrs Catherine Ghaffari，為本書的準備提出寶貴意見；感謝 Ms Leona Fung 在插圖方面給我的建議和鼓勵。

最後，我要向我的丈夫致以最真摯的感謝，感謝他一直以來支持我學習中文，融入本地生活，鼓勵我嘗試中餐。是他的扶持與愛，才有了這本書的面世。